U0856523

条理性成就男孩的未来！

本书旨在帮助缺乏条理性和注意力分散的男孩

在学习和生活中取得成功

如何才能让男孩有条理

帮助孩子在学校和生活中学会管理时间与任务

[美] 安娜·霍玛耶（Ana Homayoun） 著

安燕玲　胡峻桦　译

That Crumpled Paper Was Due Last Week:

Helping Disorganized and Distracted Boys Succeed in School and Life

亚马逊网站读者评论

非常棒的读物——简单而实用的技巧

真是本很好的书！里面提供了很好的建议，不仅能让人很容易学会帮助自己的儿子在学校里表现得更好，还能帮助他学会享受生活的方方面面。我真心感谢作者给我提供的中肯意见，特别是作者很好地解释了为什么要考虑使用某些策略，意义深远，一招中的！如果你有个儿子，需要完成家庭作业，需要学会组织技巧，那么就看看这本书吧！

——玛琳娜·威尔森（北卡罗来纳州）

帮助孩子解决问题的实用指南！

全书一开始就从孩子在学校遇到的具体问题谈起，然后逐章围绕孩子遇到的实际问题或是综合问题展开，安娜会告诉你如何处理孩子遇到的困难。她的文笔清新、有趣，让当下的男孩子们很容易对这些技巧产生兴趣。这本书真是值得高度推荐！

——杰弗·杰弗逊

这本书难道是写给我儿子的？

我们图书馆最近刚刚购买了这本书。当我拿起这本书，开始看它的时候，心想：哇，这里面的答案正好能回答我们的许多问题啊！我觉得每个学校都应该买这本书。我的一个朋友恰好是心理学家，他说这本书是一个伟大的工具，它给父母提供了帮助孩子适应学校生活的最佳方法。

——一位母亲（爱荷华州）

一本能让你的孩子积极向上的书！

这本书太棒了，我要把它强烈推荐给那些家里有学龄儿童的父母。尽管这本书主要是针对男孩子写的，但是里面涉及的很多指导方针同样适用于女孩子，对她们也能起到很好的作用。作者在书中分析了在校学生不能取得理想成绩的原因，并提出了如何帮助学生重建注意力的方法。我觉得书中最好的部分，就是她建议为孩子创建一种学术环境而非一个压力环境，帮助学生学会掌握自己的命运，让一切都变得非常积极向上。

——玛丽安娜·尼尔森（加利福尼亚州）

简单、有力和有用

从第一页开始，这本书就为我提供了许多很棒的想法与建议，帮助孩子们获得成功。我迅速将书中的很多创意应用到了自己的生活中。

安娜的确知道如何管教男孩子，我想这些绝佳的小窍门适合每一个人！真是太管用了！和您的朋友一起分享这本书吧！他们一定会感谢你的！

——劳拉·齐默尔（加利福尼亚州索诺玛）

这正是我需要的著作！

这本书真是太伟大了，它告诉每个拥有男孩的父母，他们的儿子并非只会毫无秩序地生活，他们也是聪明而卓越的。它能帮助我正在上中学却毫无组织能力的儿子！

——科尔·路克（伊利诺伊州）

译者序

提高学习成绩，
从培养孩子的条理性开始

在竞争日益激烈的今天，父母对孩子学习成绩的重视程度，超过了以往任何年代。从大大小小的教育辅导机构火爆的报名场面，便可略见一斑。每个做父母的，都希望自己的孩子能学有所成，这本来无可厚非，但问题的关键在于，当孩子的学习成绩不理想的时候，我们往往归咎于孩子不够用功、学习方法不够巧妙、老师不够专业等等，却忽略了影响学习成绩的一个重要因素：条理性。

《如何才能让男孩有条理》一书从一个全新的角度，告诉我们孩子的学习成绩依赖于他的学习习惯，而培养孩子的条理性是学习习惯中最重要的一个环节。其实孩子学习成绩欠佳的时候，生活往往也处在比较混乱的状态：忘记老师布置的作业；第二天要考试了，还不知道需要复习哪些重要知识点；到了学校，才想起来老师交代的学习用品又忘记带了……长期处于这样无序的状态，他们已经身心疲惫，却还要承受来自老师和家长的批评甚至责骂。这种缺乏条理性的生活，让孩子们没有办法以一种放松的心态对所学到的知识进行预习、复习、分析和总结。“缺乏条理性”将直接影响到他们的学习和生活。

而《如何才能让男孩有条理》为我们提供了实用的原则和方

法。除了对缺乏条理性的原因进行分析，对孩子的条理性进行分类以外，作者还给出了非常具体和实用的指导。比如：如何帮助孩子制作一个井井有条的文件夹？如何制定学习生活计划表？如何布置孩子的学习空间？如何应对大大小小的各类考试？甚至对孩子在特殊情况下（生病、有学习困难）、在特殊家庭里（单亲、分居）如何培养条理性，都提供了非常详尽的帮助和指导。其中，关于如何布置孩子学习空间的方法就让我受益匪浅。和大多数家长一样，我一直不觉得孩子在自己的卧室里学习有什么问题。但是在翻译的过程中，我才发现卧室其实是最不适合孩子学习的地方。就像书中所分析的：卧室是睡觉的地方，而床会让孩子联想到的是放松和休息，所以孩子难以集中精力在自己的功课上。了解到这一点，我们特意为儿子定做了一张大的书桌，放在书房里，让他有足够的空间摆放自己的学习用具和书本，并且书房本身的布局也为他营造出一个很好的学习气氛。儿子搬到书房学习之后，学习效率果然提高了很多。

当孩子在条理性方面有所进步之后，他就更有能力掌控自己的生活，也能更合理地安排自己的学习进度，当他的生活回到一种有序的状态时，压力就会减小，学习成绩的提高也就成为顺理成章的事情了。

真诚地希望每个做父母的人，都能从培养孩子的条理性和好的学习习惯开始，让孩子能将学习变成一种辛苦但不痛苦的事情，充实地度过自己的学生时代，最终实现自己的梦想！

安燕玲

2010 年初冬

自 序

许多教育工作者和研究人员都认为，现今的男孩教育存在着危机。如果你读过这本书，就更能体会到这一点。平均而言，男生在进入高中学习的时候，智力水平比同龄的女生要落后半年到一年的时间，也就是说女生比男生超前一个年级。

对于那些带着无奈和眼泪第一次来到我办公室的父母来说，他们对这个问题的理解再清楚不过了。这些男孩在父母眼里，聪明、机智、阳光、有思想，但却总是忘记交作业、几门功课不及格。那个曾经被视为宝贝的小男孩，开始慢慢长成一个中学生，变成了一个让人头疼的少年：早上起来忘记去拿打印机上的英语作文；第二天的两门考试也都忘到九霄云外；学校运动会都结束两周了，才想起来要还运动服。

这些听起来是不是非常耳熟？

如果你就是一位正面临这种困境的父母，就会知道当今的教育环境比你自身成长的教育环境更具挑战性，并且就男孩和女孩而言，男孩面临的困难会比女孩更多。研究表明，男孩通常会为同时完成多项任务而纠结，但学校又要求他们能设法同时完成七门不同的功课，另外还有短期任务、长期任务以及各种体育项目和课外活动，并且这些一直贯穿孩子们的整个青春期。那些第一次来到我办公室的父母，尽管已经具备一些理论知识，也愿意给孩子更多的鼓励，但似乎仍然不能帮助他们的儿子在学业和日程安排上有所进步。这究竟是为什么？因为他们没有找到合适的方法去帮助孩子们迎接挑战，其结果往往是挫败、对抗、伤心，原本聪明机灵的男孩失去了自信，他们觉得自己不能成功。**如果男孩子们不能找到合适的方法让自己振作起来，那么他们就会在寻找到自身的成功模式之前，选择放弃。**

那么家长们该如何面对这些堆积如山的问题呢？答案其实很简单：通过运用专门为青少年设计的“任务和时间管理技巧”，来帮助儿子学习如何调整和应对由于承担责任所带来的压力。这些方法让他能在一段时间内只关注一个任务，直到他能把每个单独的任务都完成好。更重要的一点是，把艰巨的多项任务，比如应付家庭作业、体育运动、课外活动、家庭生活、适应各种社交场合，转化成更切实的单一性任务。也就是说，一次只完成一项任务，并且把它完成好。一旦这种条理性障碍被克服了，那么你的儿子自然会变得热情、聪明、活力四射，从而在学习和生活上迈向成功。

本书详细描述了这些具体的方法和技巧，这也是我在多年从事教育顾问的过程中，亲身体验并总结出来的结果，有很多情形与你们遇到的非常相似。最重要的是，它是专门为你的家人和家庭特别设计的。多年以来，家长们把我所提供的方法和技巧应用到自己的家庭中，不论是富裕家庭还是普通家庭，核心家庭还是几代同堂的家庭，大家族还是小家庭，都很成功。“没有条理”的问题普遍存在于不同经济情况的家庭和不同的人种当中。我的经验表明：五六年级的男孩能适应新的习惯，这些习惯帮助他们更有条理、更积极，也更能掌控自己的命运。尽管我可以肯定地说，这些方法和技巧不是魔法，但是它们所产生的效果却被不止一位家长视为奇迹。

我至今仍然记得，那是一个春天的下午，一个做事没有条理、性格脆弱的小男孩来找我，把一个尖锐的问题摆在了我的面前。那时候，我已经成立格林·艾维教育咨询机构有几年了，通过理论培训以及和年轻人一起工作的经验，我已经全面总结出了本书所提到的“条理性系统”和学习技巧。

然而，那个特别的下午，我会见了一个十年级男孩的父母。这个男孩的成绩大部分都是C，是个典型的没有条理、不提前做准备的孩子。在谈话中间，男孩的父亲绝望地看着我问：“安娜，你直接告诉我，是不是只有我的儿子是这样的？”我犹豫了一下，快速地在脑子里搜索了一下自己的客户名单。那一刻，我忽然意识到：我的客户当中有75%是男孩！我一直怀疑的结论得到了印证：那些到我们这里来的男孩子根本没有什么不正常的。我开始慢慢意识到男孩子在条理性、时间管理、学习技能方面与女孩子有太大的不同。这对于许多既有儿子又有女儿的家长来说，是已经被普遍接受的事实。

其实，这种状况对我来说没有什么奇怪的。在工作中，我接触过上百个孩子，发现只有极个别的男孩子有学习困难。相反，大多数男孩表现出的是长期没有条理的生活：写完的作业弄丢了、忘记学校的考试、不交作业，这些都是他们到目前为止表现出的比较严重的问题。更糟糕的是，这些挫折会严重打击他们的自信心与自尊心。这些男孩开始认为：他们在生活中所有方面都是失败者。这种让人难过和担心的局面如果继续发展下去，会导致孩子们变得越来越沮丧，对生活更加绝望和悲观。

我在帮助这些孩子变得更有条理、更有效地完成学业的过程中，看到了他们的变化：当初他们拿着五个棕色购物袋（里面塞满了乱七八糟的作业纸）走进我的办公室，而现在他们变成了会计划时间、及时上交作业的年轻人。更重要的是，我见证了他们在自信心和自尊心方面的奇妙变化。**当孩子们在学校取得进步的时候，他们开始梦想、探索和寻求自己的成功之路，而这些以前在他们心里是无法企及的。最根本的是，他们开始在内心树立实现梦想的愿望，随着时间的推移，这些曾经被视为最疯狂的梦想开始成为现实。**有一个年轻人曾一度被人们认为毫无希望，现在获得了学校的奖学金；还有另外一个年轻人，原来在甲级篮球比赛中只是一个坐板凳的运动员，经过短短两年的时间，变成了炙手可热的大学篮球队的成员。

这不只是个奇迹，更值得关注的是这种变化给孩子所带来的体验。我们常常能看到一个男孩子因为有了自信，能开怀大笑，眼睛里闪着亮光，以前因为难为情而不敢开玩笑，现在也能讲诙谐幽默的笑话。虽然这些变化看起来微不足道，却有着特别的意义。

这本书所提供的方法和策略确实能帮助学生们有所进步，并提高学习成绩，但是对于我来说，工作的目标远远不只是分数的提高。我的最终目的始终是帮助孩子们，让他们能树立自信，并具备不屈不挠和勇于承担责任的精神，使他们在自己的社区以及整个社会成为活跃分子，并为社会做出更多的贡献。

我所使用的方法和策略最终被证明是有效的，因为它们浅显易懂又易于实现。虽然出版这本书的初衷是为了满足十几岁男孩子的特别需求，帮助他们面对独特的挑战，但是许多方法和技巧同样也可以成功地帮助那些在“任务和时间管理”方面遇到困难的女孩子。

在本书随后的章节中，会介绍一个特定的流程来帮助你创建一种环境，它能让孩子找到并坚持使用“任务和时间管理”的技巧。每个章节都会侧重这些方法某一个独特的方面，并且还包含了每章主要内容一览表，这样你在家里就可以很方便地练习和运用这些方法了。其实，这些方法和策略离不开真实生活中的成功案例和那些几年来我一直帮助的年轻人。就像我刚才提到的那些男孩子，这些案例被家长、辅导员和老师认为是“奇迹”。为了保护这些孩子和家庭，我修改了他们的姓名和明显的特征，并且综合了人物的个性。

在你阅读本书之前，我还有最后一个提示：就像大多数情况一样，不要期望一蹴而就，关键在于坚持。有些男孩需要比别的孩子花更长的时间才能看到效果，而有的男孩会偏离既定的目标（我在书中提供了如何引导他们重新回到目标上的方法），但是我常常发现：很多男孩在第一次接受这些方法和策略后的六个月到一年时间内，就发生了翻天覆地的变化。

其实，就在今天下午，我刚刚收到了一份电子邮件，它来自一位半年前来咨询我意见的男孩母亲：

亲爱的安娜，

他终于成功了！

我期待这些被证实过的方法和策略能帮助你的儿子在不久的将来发生好的转变。

目录
Contents

Chapter *1* 为什么男孩子会在任务和时间管理方面稍逊？ 1

挑战一：同时应对多项任务的现状 / 6

挑战二：家长的干预 / 9

挑战三：现代科技带来的干扰 / 11

挑战四：睡眠不足 / 12

挑战五：害怕做出错误选择 / 13

本书为你提供的帮助 / 15

总结 / 16

Chapter *2* 方法和态度：家长如何做到平衡？ 17

创建正面积极的基调 / 21

开“协作会议” / 22

你并不孤独：寻找同样处境的朋友 / 24

避免用竞争的方式养育孩子 / 25

贿赂、羞辱和谈判都不起作用 / 27

你的儿子其实很在乎（他只是不想让你知道）/ 29

创造一个良好的开端，然后坚持下去 / 31

按照孩子本来的样子接纳他 / 32
让他为自己的成功和失误承担责任 / 34
总结 / 36

Chapter 3 确定孩子的条理性类型 39
“时间安排过满的拖延者” / 42
“散漫明星” / 45
“技术专家” / 47
“挣扎型学生” / 49
“创意天才” / 51
“善辩的智者” / 53
“认真的懒鬼” / 56
“自满的后进生” / 58
总结 / 62

Chapter 4 设立学习目标和个人目标 63
梦想和目标 / 67
三个学习目标和三个个人目标的要求：
具体并且可评估 / 70
为什么设立目标是我工作中最喜欢的一部分？ / 80
总结 / 81

Chapter 5 活页夹、计划表和其他重要工具 83
不易被发现的、最重要的工具：文件夹 / 86
做一个条理清楚的活页夹 / 91

学期结束后整理活页夹 / 98

其他要点：计划表 / 99

来自高科技的挑战：掌上电脑和在线作业 / 101

总结 / 103

Chapter 6 创建一个有助成功的学习场所 107

小心卧室 / 110

有效的学习空间 / 113

如果只能选择在卧室学习怎么办？ / 120

创建一个放置学习用品和其他必需品的家庭空间 / 121

最后的想法 / 122

总结 / 123

Chapter 7 合理安排作业，实现有效的时间管理 125

有效的学习习惯，留出更多的时间 / 129

总结 / 141

Chapter 8 应对测验、考试、项目和期末考试的方法及策略 143

积极主动和消极被动 / 147

规划休息时间 / 150

主动学习和被动学习 / 150

如何应对测验 / 151

不可缺少的“学习闪卡” / 155

阶段考试 / 156

考前焦虑症 / 158

长期项目 / 162
写作文 / 164
期末考前复习 / 169
最后的建议 / 171
总结 / 172

Chapter 9 健康的心灵、强健的体魄：帮助你的儿子减压、充电和成长 177
饮食和营养 / 180
锻炼和睡眠 / 184
健康的户外运动 / 191
情绪稳定 / 197
时间安排过满的问题 / 202
总结 / 210

Chapter 10 特别关注：有学习差距的学生 213
家长过度参与带来的特殊挑战 / 217
学习差距的心理后遗症 / 222
制定合理措施 / 225
总结 / 234

Chapter 11 特别关注：单亲父母、分居、离婚、两个家庭 237
家庭变化可能引起巨变 / 239
分居和离婚 / 241
针对离婚家庭，应关注抚养计划 / 245

两个家庭所面临的挑战 / 246
在两个家庭生活的注意事项 / 249
总结 / 254

Chapter 12 特别关注：疾病 255
短期疾病：感冒、流感、发炎和其他病痛 / 258
慢性病、长期疾病和威胁生命的疾病 / 264
当父母一方或家庭成员生病或去世 / 275
总结 / 279

Chapter 13 执行策略 281
记住态度的重要性 / 284
寻求外部支援 / 284
每天都是新的开始 / 284
五周实施策略举例 / 286

致谢 / 289
推荐书单 / 293
参考资料 / 295
图表索引 / 299

Chapter 1

为什么男孩子会在任务和时间管理方面稍逊?

Why Boys Struggle With Organization and Time Management

先给大家讲一个名叫詹姆斯的男孩的故事，他身材瘦高，个性阳光。

几年前，詹姆斯和母亲米丽娅姆第一次来到我的办公室。当时，詹姆斯正在读高中二年级，他在接受我们的常规测试时，成绩非常好，但是在学校成绩最好也就是 C。让人担忧的是，他的整个假期都将在暑假培训学校度过。我至今仍然清楚地记得第一次见到他们的时候，詹姆斯和他妈妈脸上挫败的表情。詹姆斯背着两个背包，一个肩膀背一个，而他的妈妈跟在后面，手里拎着三个棕色的购物袋，里面装满了从家里四处搜罗来的学校发的作业纸。

“我根本不知道这些东西哪些重要，哪些不重要。”她神情疲倦地告诉我，“可是又不能把它们都扔了。”她懊恼地瞥一眼儿子，儿子也用恼怒的眼神回敬她。

詹姆斯对到我这里来非常反感，很明显，他宁愿把周六的时间用在打高尔夫球上面而不是来我这里。但是，我们还是很快进入了工作状态。我们从着手制定计划表开始，他很久没用过计划表了。然后，我们开始整理他的文档。我一边和他一起整理，一边询问一些关于他生活方面的问题，包括参加哪些活动、有什么兴趣爱好、养什么宠物。但是得到的都是很勉强的一个字，最多一句话的回答。大约过了两个小时，我们整理完所有的文件，并建立了七个分类清晰的活页夹。在这个过程中，我们还循环利用纸张，这些纸的价值抵得上两棵树了。当这一切都做完的时候，詹姆斯看起来真的是如释重负。哪里有这些杂乱无章的纸，哪里就能发现一个简单的方法来做调整，詹姆斯有了一个非常好的开始。

经过接下来两年高中的课程，詹姆斯成为了我所接触的孩子当中最有条理的学生之一。他能做到不乱放一张纸，坚持执行自己的计划，并且通常能在事情发生之前提前做准备。**他已经渐渐意识到：自己越有条理，就越能有时间和朋友在一起，也越能有时间打高尔夫球。也就是说，他越能有时间去做自己想做的事情。**他的成绩在提高，各方面的表现也越来越好，并且随着自信心的增强，他天生的聪明才智也都突显出来。他第一次走进我办公室的时候，看上去沉默寡言，但是随着时间的推移，他变得越来越放松。即使面对一件不感兴趣的事情，他也能痛快地做出回应。

他的进步不仅仅表现在课堂上，更重要的是个性方面的发展。在他上高年级的时候，经过多方面的引导和鼓励，詹姆斯已经在当地的一家工厂找到一份暑期的工作，而且他的经历帮助了自己个人的发展和专业技能的提高。这是他生命中第一次为自己的行为承担责任。他上班准时，工作有效率，并且在与各种不同背景的同事相处时建立了良好的合作关系，工作单位对他好评如潮，这些都更加坚定了他的信心，他用自己的方式在自己的领域中取得了成功。

最近一天下午，我正在写这本书，我的一位助手出现在办公室门口，告诉我一位家长正在接待室里等我。我走出去看到了米丽娅姆，不禁想起第一次见到她的时候她沮丧的神情。

但是这一次却完全不一样。她神采奕奕。

“我到这里来就是想告诉你，詹姆斯最近的状态好极了！”她说，“他喜欢上了大学生活。”她还告诉我詹姆斯看上去快乐、自信、独立。

“三年了，想起来，都想用脑袋撞墙。”

的确是这样。詹姆斯的成功不是一帆风顺的。而米丽娅姆正沉浸在最近一年来詹姆斯在自信、价值观以及个人责任感方面的进步中。她迫不及待地想要亲自告诉我这个好消息。

尽管每个孩子都有不同的天赋、长处以及所面临的问题，但是詹姆斯是我所接触的男孩当中比较典型的一个。事实上，处于青少年期的男孩子相对于同龄的女孩子来说，有着不同的想法和做法，对接收到的信息也有着不同的处理方式，这样的男孩子在学校的成绩往往落后于女生。问题不仅仅是学习成绩的落后，而是成绩落后所造成的自信心和自尊心的减少。这些都让现今的教育工作者和社会学家担忧，他们逐步意识到这种性别的差异似乎比过去严重得多。

尽管每个孩子个性不同，生活环境各异，但是我所接触的这些处于青少年时期的男孩子，都有五个基本的特征：

- ⊙ 同时应对多项任务时出现困难
- ⊙ 家长对孩子的过度干预
- ⊙ 现代科技带来的干扰
- ⊙ 睡眠不足
- ⊙ 害怕做出错误选择

对某些男孩子来说，所有这些因素都会对他们的“任务和时间管理”造成影响。而其他一些男孩子可能只存在其中的一两个问题。还有一点也同样重要，就是你必须意识到影响你儿子的因素可能随着时间的变化而变化。例如，在七年级的时候，完成多项任务可能很困扰他，而升到高中二年级的时候，高科技带来的干扰和睡眠不足则成了他的障碍。下面，我们一起来对每个因素进行详细阐述。

挑战一：同时应对多项任务的现状

首先也是最重要的一点就是，我们（包括学校、家长、教育工作者）要求男生在学校完成的多项任务比以往任何时候都要多。研究表明，在学业上我们对于男生的要求比女生更严格。三十年前，六年级的学生由一个老师来负责大部分教学，而现在的学生经常有三到四个（有时会更多）指导老师，每个老师对学生又有不同的期望和要求。**这些处在青少年时期的男生，发现自己要同时应对七门功课、课外活动、体育运动以及其他社交活动。并且，这些任务将一直贯穿他们的整个青春期。**这些男生苦恼于不知道如何设置事情的优先顺序，原因之一是每个教练和老师都会告诉他们：“一定要尽全力去做。”例如，打棒球的男生，不只是要练习棒球，包括击球练习、集体训练、撞击训练、适应性训练；在学业上，他们还要完成作业以及各种长期和短期的学习项目、课外阅读、补充作业和其他研究。一想到这些，就足以让一个有条理性的成年人疲惫不堪了。

这些男生苦恼于不知道如何设置事情的优先顺序，原因之一是每个教练和老师都会告诉他们:“一定要尽全力去做。”

近几年，科学家们已经发现男性和女性的大脑存在着线性差异，女性更容易应对基于语言的多项任务，例如，她们可以边听边写，但是男性更擅长应对基于空间的多项任务，例如体育项目和电子游戏，而这类任务又很少能在课堂上发挥作用。

还有一些其他证据表明，男生似乎是通过肌肉运动来学习的，他们通过具体执行一项实际的任务来接受知识和信息，而不是通过看和听来汲取知识。例如，他们能在学校的化学实验课上做得很好，但是却记不住像化学方程式这样的化学基础知识。

最近，科学家针对青少年大脑的研究发现，不论男女，青少年的前额叶皮层（也就是控制人的行为、有条理的思考以及风险评估的那部分，被称为“人体CEO”）远远没有像大脑的逻辑推理部分那样得到充分开发。换句话说，青少年在智力和艺术成就方面有惊人的能力，但是他们大脑中管理思想的部分还没有发育成熟。尽管这种现象在正常的年龄范围内分布很广，但是平均而言，男孩子青春期的结束时间要比女孩子晚三年。这对于男生来说无疑是雪上加霜，虽然他们用和女生同样的方法去做作业中的智力习题，但是他们的大脑还没有发育到能管理和处理这一切的程度，或者说，大脑至少没有起到很大的帮助作用。

这就意味着，男孩子的身体还在发育当中时，就被要求应对生活中的方方面面，而他们又不具备清晰的思路，或者缺乏“任务和时间管理”的方法。尽管他们希望能找到自己的方式，但是大多数男孩子缺乏有效的方法，进而开始感到自己无能为力、受控于人，很沮丧和气馁。此外，作为家长，由于对自己的儿子不能成功而感到失望，这样，也给孩子们带来更多的压力。

我们可以说教育领域需要彻底变革，但是我的工作已经能够帮助那些男孩子彻底改变他们的学习习惯和做事没有条理的习惯。正因为男生在多项任务方面一直面临困难，所以我认识到需要开发一套系统，来帮助他们在一段时间内只专注于完成一项任务。这一点对于帮助男孩子们发现并寻找个人成功之路起着至关重要的作用。

挑战二：家长的干预

有些来到我办公室的母亲相当有条理，几乎到了完美的地步。她们用不同的颜色在日历上做标记，使用黑莓手机和免提听筒，但是她们非常不能理解为什么自己的儿子这么没有条理。当然，其中一部分原因是因为母亲太强势，致使他们的儿子从来没有机会去发展自己这方面的能力。当需要把所有的事务都组织得有条有理的时候，他们会自然地产生对抗，并最终选择放弃。

这并不是说父母不需要参与子女的教育。通过不断的研究发现，父母的参与与孩子的学习成绩成正比。我们都知道，自从有了现代教育体系，总的来说，家长对孩子学校作业的干预程度比以往任何时候都多。

但事实上，有些家长过度的干预（有时候是无意识的）使得他们的孩子没有机会去开发自身的技能和积极性。1990 年，福斯特·柯林和吉姆·范创造出一个词——“直升机父母”[①]，这类父母从来不给那些本来已经具备了自立、自我调节能力和责任感的男

① 直升机父母：指某些望子成龙、望女成凤的父母，就像直升机一样盘旋在孩子上空，时刻注视孩子的一举一动。

孩子尝试的自由（尽管有可能失败），其结果很令人痛惜。

几年前，我曾帮助过一个名叫丹的大男孩。那天，我们的会面结束后，他想安排下一次预约，但是当我打开日历的时候，他转过身来，说他需要妈妈发邮件给我来定预约的日子。

“为什么？”我问。

他支支吾吾，最后说因为他不知道自己的日程安排。

“丹，”我说，“你有自己的车，你在学校表现得很好，你的活页夹和每样东西都整理得有条有理。你现在已经十八岁了，可以参加选举，甚至可以保卫自己的国家了，但是你却不能决定周二下午四点钟要去什么地方吗？”

他羞涩地笑着看看我。“我能！”他说，“我只是从来没有被要求这样做。”

“好吧，”我说，“有一个兼职的秘书也不错，但是你认为自己确实需要吗？”

随后，丹将他的预约列在了自己计划表中的作业和“其他的事务”后面，从那以后，他能很轻松地安排自己下次预约的时间。

家长经常会担心如果让儿子自己来做决定，他们肯定会犯错。例如：有些父母替他们的儿子填写大学申请表，因为想到孩子们太忙或者会写错，再或者因为由家长填会更快些。而事实上这是一个绝好的教育儿子的机会。即便家长是出于好意（我认为绝大多数家长是出于好意），但是他们客观上不知不觉地阻碍了儿子发展和维持自身条理性系统的能力。

但是如何发展你儿子的这些技能呢？又该如何给予他们恰当的帮助呢？**简单地根据自己的经验也许不能在条理性方面有很大的改善，因为几乎没有处于青少年时期的男孩子会努力去做一些**

类似他们的父母正在做的事情。

本书为大家提供了一个框架，让父母知道应该参与到什么程度是恰当的，有非常多的例证、清单列表、建议以及注意事项，这样，你就可以帮助他们发展自身的条理性，而不必太过依赖于你，同时，你也不必为自己的能力而纠结。

挑战三：现代科技带来的干扰

我们很容易低估科技对日常生活产生的影响。查收电子邮件、接听 iPhone 手机，我承认这些小设备在某种程度上拓展了我们的生活。然而，尽管新科技，比如家用电脑，在表面上用于帮助孩子们的学习，但是，对处于青少年时期的男生来说，科技带来的是具有挑战性的干扰，它使得孩子们很难集中注意力或者分清主次。

假设你的儿子比较容易精力不集中，当他假装在用电脑写作业的时候，会随时收到即时信息或者他喜欢的女生发来的问候邮件。同时，电脑还可以播放他最喜欢的音乐、视频、电影以及当前的电视节目。那么，英语作业的吸引力又怎么比得过这些娱乐节目呢？事实证明，一定是这些娱乐节目更吸引他。电脑如果没有明确的使用规则，就非常容易引起注意力的分散。

科技以自己的方式实现了多任务的同步进行，例如：写文件的时候可以收到即时信息，但是这些对于男生们所需要的“单任务条理性模式”造成了干扰。我所研究的“任务和时间管理”系统并不想贬低科技带给我们的种种益处，包括使用电脑来做研究以及文字处理等重要用途，但是，我会集中关注如何恰当地使用电脑及辅助设备，尽量避免它们所带来的干扰。

挑战四：睡眠不足

我们知道，多数的孩子都非常辛苦。因为他们有太多的日程安排，需要通过足够的睡眠来重新获得成长所需要的体力。很多处于青少年时期的孩子很容易发现自己严重缺乏睡眠。你正处于青春期的儿子在这几年的成长过程中，会面临很多生理发育上的矛盾：大脑的变化促使他们在晚上也紧张地思考，但他的生物钟又试图让他放松，因为他需要休息。最常见的一个结果就是发育变化中的大脑占了上风，常常在晚上 11:00 之后还一直保持活跃的状态。但是学校又有自己的安排，所以你的儿子第二天早上 7：00 就不得不被催促着起床。如果还参加了其他运动、俱乐部或者学术助理活动的话，甚至有可能会起得更早。这样，他几乎不能保证有九个小时十五分钟的睡眠，他至少要少睡一个小时。长期这么做，不仅会引起偏执、麻木、对所有的人和事都很烦心，还会严重影响他在学校的成绩。

尽管人们已经致力于改善青少年的睡眠习惯（包括在很多社区开展将早上到校时间推迟的活动），但男生对那些不受自己控制的日程安排还是无能为力。但是我常常会从运用我的系统的孩子那里得知，当他们有了较好的条理性和管理时间的能力之后，能早早上床休息，对于大多数的孩子来说，这种期望让他们非常兴奋！

就在去年，麦克第一次走进我的办公室，希望在条理性方面有所改善，我们谈到他的习惯、目标以及计划。他是所在高中棒球队的最佳球员之一，希望自己能进入大学的校队打球，但前提是 GPA 考试至少要达到 3.0 分。他的日程安排得很紧张：在体育馆要花费几个小时，然后几乎没有时间做其他的事情。尽管他看起来有点不安和疲惫，但很明显是个守规矩又努力的孩子，他很快明白加强“任务和时间管理”可以帮助他实现自己课内和课外的目标。

几个星期之后，他又过来了，看上去很平静，我问他事情进展得如何。

“安娜，”他说，“我现在每天晚上都提前整整一个半小时上床。”他感觉很平静，也很专注，好像压力也小了。我们很快计算了一下，他每周能多睡将近八个小时。

重要的是记住：时间管理不仅能让男生有更多的时间完成学校的作业和活动，还能让他们回到保证身体健康和休息的正常轨道上。

挑战五：害怕做出错误选择

在我的桌子上有一个镇纸，上面写着一句谚语：“如果知道有可能失败，你会怎么办？”那是我刚刚开始做学生工作的时候买来的。虽然教导青少年如何变得有条理与我以前所从事的金融业工作有着天壤之别，但我还是愿意和学生在一起，并且清楚地知道这就是我想要做的事情。

很多家长和学生心中滋生出越来越多对于风险的恐惧，他们特别害怕失败，内心恐慌，想到一旦做错了什么事情，他们的孩子就不能进入合适的学校、得不到合适的工作以至于将来找不到合适的伴侣、养育不好下一代……现在的决定和选择在若干年后才能看到结果，所以这也就造成了今天进退两难、犹豫不决的情形。有些情况下，害怕做出错误选择确实阻止了学生们倾听自己内心的声音，跟从自己内心的兴趣。好心的家长们过度参与孩子们的生活，因为他们担心如果自己的孩子有什么事情（例如完成学期任务或者申请学校）没有做对的话，那么他们的整个人生就会脱离正确的轨道。

几年前，我帮助过一位正在申请大学的年轻人斯蒂文。他为不知如何写申请文章而陷入真正抓狂的状态。他是个写作天才，但是由于担心“该怎么说才合适？”或者“他们想听到什么？”而始终找不到感觉。他所写的东西看起来都很牵强，都是些陈词滥调，完全没有他个人的风格。他的文笔像是猜测入选公务员的一个练习，而不是在分享自己的才华、智慧和号召力（事实上他在这方面很有天赋）。

有一天，我突然顿悟，让他写下一篇短文，想象他最完美的一天：他要和谁一起度过？他会做什么？去哪里？

“安娜，”他说，“我不知道为什么一个大学考官想听关于我的完美一天？”

“从现在开始忘记这些。”我回答道，“就写下这一点，好像你这周末没有其他任何事情可做。只写下关于你和你梦想中的一天。”

过了几天，他带着作文回来，这篇作文充满激情和创意，比他以前写的任何一篇文章都要好，因为他真实的心声终于表达出来了。从他现在的个人陈述中能看出他有一大群朋友，他们愿意在参加校内体育活动之前只吃一些玉米饼（一个处于青少年期男孩子的真实画面：吃着豆饼，接着跑三十分钟），他热衷于为校报撰写关于体育赛事的文章，希望每次物理考试都无限期地推迟，他最理想的一天在斯蒂文·波特的一小时专栏节目中结束。

从本质上来说，斯蒂文的例子表明我的判断是正确的：他是一个真实的个体，有喜欢和不喜欢的，有梦想，有渴望。经过几次对草稿的修改，斯蒂文向他申请的大部分学校发送了自己的文章。很多时候，内心害怕不能做出正确选择，使得一个男孩不能真正认识到自己的重要性和可信度，并且导致他失去对自我的感知。“任务和时间管理”的技能帮助男孩子们关注能真正激励他们的事物，给他们操练的机会，并使得他们一步步走向成功，这样，他们的自信才能恢复，他们才会相信自己有能力成功。

本书为你提供的帮助

策划本书是源于和我一起工作的家长（也包括养育男孩的祖父母和叔叔阿姨等等）以及那些没有条理的男孩子。本书在各个章节中分别论述了造成条理性问题的因素，同时还提供了一些方法和策略，包括：将多任务进行分解、家长放手让男孩子们自己去经历挣扎（最终发现自己的成功之路）、减少常见的干扰等等。本书所提到的策略和方法是为那些正在就读中学的男生所设计的，但是某些理论也可以根据情况做出修改，以适用于低年级的男生。

通过直接接触这些男生，我了解到，越是有条理性的学生，越是能迅速地完成他们的作业，也就有更多时间实现他们的个人目标，包括学习方面、运动方面、课外的或者其他目标。这样做能帮助男孩子们发展他们对自身的认知并对个人能力有更多的自信。本书通过提供条理性活页夹、做事清单以及准备下一次代数考试的恰当方法，来尽力帮助男生发展他们的个人目标和特质。

记住，当你的儿子有挫败感，害怕失败的时候，那是因为他没有机会得到下面几章所提供的正确工具。将这些方法和策略融会贯通，就可以让它们在你的家庭中发挥作用。

总 结

没有孩子生活在真空中，如果你的儿子为“任务和时间管理”所困扰，有可能是因为他不得不一次处理多个任务：

◎ 有证据显示，男孩子在当今的学校中不太擅长同时完成多项任务。

◎ 今天的家长经常会不自觉地对孩子的生活事必躬亲，这样阻碍了他们独立发展所需的真正的条理性技能。

◎ 科技发展所带来的干扰无处不在（包括男孩子的学习空间），包括那些社交圈里诱人的动感歌曲和虚幻的角色模仿。

◎ 具有讽刺意味的是，很多男孩子在成功应对周围各种责任和诱惑的时候，常常以付出代价的方式达成，这些代价常常是睡眠的缺失，而这种缺失严重影响着他们的身体健康。

◎ 当今的孩子从小就面临太多的选择，“如何在其中做出智慧的选择”也为他们带来了前所未有的压力。

Chapter 2

方法和态度：家长如何做到平衡？

Approach and Attitude: How Parents Factor into the Equation

帮助孩子在学习上主动、专注、自律、自信，
全面激发孩子的学习热情！

扫码免费听《如何说孩子才肯学》
20 分钟获得该书精华内容

当那些忧心忡忡的家长第一次打电话到我办公室的时候，我常常能通过电话线感受到他们的压力。他们的孩子——阳光，有各种天赋，在学校却表现不好，缺乏条理性，成绩很差，很明显，他们的行为已经为家庭带来了潜在的压力。我能感受到家长的失望、纠结、吼叫、心烦意乱以及挫败感——这些正是我们当父母的人所经历的。

这种恶性循环会进一步恶化，因为焦虑会传递给孩子。想一想，你从一个家长会上失望而归，接着你的伴侣也很生气，你们俩都感觉要崩溃了。而孩子对所有落下的作业和功课、自身马虎和懈怠的习惯以及一贯的混乱已经感到很有压力了，如果再把你们的挣扎和纠结掺杂进来，会让他对自己的感觉变得更差。很多这样的男生非常容易选择放弃，而不去尝试，他们感到自己就是一个失败者。因为他们总是觉得自己已经尽力了，但还是不能成功。其实他们只是没有找到正确的工具或者正确的系统来帮助他们获得长久的成功。这种负面影响很容易在一个家庭中扩散。这几年和我谈过话的上百名家长都意识到缺乏条理性和学习成绩差的压力会让整个家庭偏离正确的轨道。

当我认识戴安和她的家人的时候，我感到在他们家吃饭可以用两个字形容：无趣。戴安是一位拥有 MBA 学历的女企业家，有两个十几岁的孩子，一个是 15 岁的斯科特，另一个是 17 岁的丽萨。戴安的丈夫和蔼可亲，是个成功的商人，戴安后来决定待在家里，希望能花更多的时间陪伴孩子们。斯科特上高中一年级，很安静，也很谦虚，但是他经常在放学的时候，把一半的东西都丢在餐厅的柜台上。几乎每天早晨，戴安都要跟在斯科特后面给他送午饭、数学书以及落在打印机上的英语作文。她不得不把这么一大堆东西给他送到学校，而这是一所相当大的中学，她需要到学校前台从一千六百多名学生的名单（以名字排序）中找到儿子的名字。

戴安希望斯科特能有所好转，她很担心他落下的作业或者很差的学习成绩会影响到他以后升入一所好的大学。特别是现在申请大学的学生越来越多。她要花费半个上午的时间给斯科特当秘书，为此她心里很失落，甚至用家长常说的话来严厉斥责他："你总是忘记带东西！"或"你什么时候才能变得有责任心？"而斯科特的回应是更加退缩，他因为自己在学校表现很差而在内心深处产生负疚感，并且变得犹豫不决，害怕他说的任何一件事情会激怒他的妈妈。

戴安真的很爱她的儿子，并且是一个非常棒的母亲。但是她在儿子斯科特缺乏条理性这件事上太过情绪化。家里的其他成员（甚至连他们的狗）也很沉闷。大家都希望能逃避这件事情，以免制造额外的紧张。造成这种局面的部分原因是戴安的方法问题——她替儿子承担了缺乏条理性的后果，并且把它映射到自己的成功（或者失败）上来。她过于大包大揽，她的方法既对儿子没有效果，又给家庭带来了紧张和压力。

根据我的经验，父母积极正面的态度和方法是帮助孩子变得更有条理、更独立自主的关键因素。我遇到不少家长因为儿子的学习成绩不好、在学校不合群、不自在而感到难堪和内疚。但是，抱怨儿子的缺点，实际上无意识地制造了一个更糟糕的氛围。**那些在我办公室里动辄抱怨孩子（“他从来就不知道……”“他总是这样做……”）的家长总是会让自己和孩子陷入窘境，背负着情绪包袱的孩子在条理性和承担责任方面将面临更大困难。**

创建正面积极的基调

家长们经常会诧异为什么男孩子们会这么快就接受我的体系，我能让一个“心不甘、情不愿”的孩子在两个小时内愿意体验我的“任务和时间管理”系统。它之所以见效，是因为我们只专注于他们的强项，而不是抱怨指责他们做错的事情，我们首先设立这样的基调，然后在这个基础上进行发展。如果专注于负面的情形，结果只能是不断感到受挫并且没有任何效果。试想：如果一个老板总是指责你做错的每一件事情，谁会愿意和他在一起？

我所研究的系统之所以能对这些男孩子起到这么好的作用，原因之一就是他们能很快发现“双赢”。其实，就在你帮助男孩子们发现他们真正的渴望，以及生命中立志要完成的事情的同时（在第 4 章中讨论），你也为他们提供了变得更有条理并掌控自己生活的真正理由。仅仅是提高他们的学习成绩或者上好的大学，对大多数年轻人来说是不足以吸引他们做出长期改变的，也不能让他们成为更有担当、更充实、更积极的人。当你为男孩子们提供这些生活中需要的条理性工具时，不仅他们的学习成绩能提高，他们整个生活的质量也都能提高。**通过更好地安排自己的学习时**

间，男生感受到学习压力也减轻了。当他们提高学习成绩，并能提前完成作业、测验的同时，他们与父母、老师的关系也得到了改善。这些男孩子在学会时间管理的技巧以后，发现能有更多的时间投身于他们真正喜欢做的事情上：和朋友外出玩耍、玩视频游戏、射击、和他们的乐队一起训练。同时，家长的压力也减轻了许多，因为他们不必驱车奔忙于给孩子送昨天落在家里的数学作业。

我经常用“双赢”的说法告诉学生：更有条理性和更有效地管理时间是一件有百利而无一害的事情。总的来说，如果能学习到一种方法，让孩子既能在学校表现好，又能寻找到更多空闲时间，这实在是再好不过的事情了。经典的“双赢”理念能说服处在青少年期的男孩子们。

开“协作会议”

我帮助过的学生会很快发现：我的兴趣在于帮助他们找到实用的方法来挖掘自己的个人潜力。虽然我为他们提供了建议和可行的方法，但最终是我们共同的合作激励他们做出改变。同样，我鼓励你把本书作为一个指南，和你的儿子一起协调合作。开个家庭会议或者讨论会（具体情况根据自己的家庭而定），在会上给孩子机会，让他表达出自己所纠结的事情，你们还可以一起通过“头脑风暴”来找到解决办法，这种方法能产生出奇的效果。注意：如果你觉得你们的亲子关系不适合开协作会议，那就找某个和你的孩子亲近的人（伴侣、朋友、导师）来代替，这也是个不错的选择。

开个家庭会议或者讨论会，在会上给孩子机会，让他表达出自己所纠结的事情，你们还可以一起通过“头脑风暴”来找到解决办法，这种方法能产生出奇的效果。

你并不孤独：寻找同样处境的朋友

我的办公地点主要设在硅谷的一个小镇，那里的大部分人被分为两种不同的圈子。圈里的人都彼此认识或者听说过。也许你所在的社区也属于这种情况，也存在着某个小圈子。即便如此，我还是常常发现前来咨询的家长都认为只有他们的儿子不交作业、GPA[①] 成绩低于 3.0、在社交方面存在困难。这些家长很多都彼此认识，他们经常推心置腹地和我抱怨，认为只有他们的儿子才是这样的。这些家长之间都很友好，一起出去共进晚餐，一起散步或者打网球，在学校举办的活动中经常碰面，他们的家庭之间也是朋友，但是因为害怕暴露自己在养育孩子方面的失败，所以他们不敢对自己和朋友说出真话，其实，他们的朋友往往能给予他们支持、建议和好的心情。

如果有必要的话，可以在目前的朋友圈子里寻找有同样处境家长的支持。就在我写这本书的时候，我去了索诺玛，从旧金山出发往北大约一个小时的车程，我希望能有一段时间来放松和写作。我有一位朋友住在这个城市，她有三个十几岁的孩子（两个男孩一个女孩），当我到达那里的时候，她邀请我和她的几个朋友一起远足。我一开始有些犹豫，因为我真的需要工作，但后来想到能和五个十几岁孩子的妈妈一起远足也是一个不错的“调研”，再加上能在一个明朗的早晨出去走走，有清新的空气和陡峭的山坡，我无论如何不能拒绝这样的邀请。

一路上，这些妈妈和我一起谈到申请大学、青少年聚会、少

---

① GPA：英文全称为 Grade Point Average，意思是平均成绩点数。

女怀孕以及其他一些话题。这些妈妈真实、热心、有活力。尤其让我惊奇的是，她们都很坦诚地在一起谈论养育孩子所面临的挑战和困难。

后来，邀请我一起登山的朋友劳拉给我讲述了她是如何结识这些一起登山的妈妈的。劳拉和丈夫一起建造他们的梦想家园之前，刚刚搬到索诺玛没几年，她来到这个镇里的最初几个月，有一段痛苦的经历。

“一开始，我见到的所有妈妈都假装生活得很好，”她解释说，“而且她们的孩子也非常完美，没有什么问题。我的孩子也不错，但是他们并不完美，也不是什么问题都没有。我花了一些时间约见其他的妈妈，她们自己经历的事情让我感觉比较真实和可信。”

寻找真实可信的事实，避免只看表面现象，建立积极正面的养育态度，这些都是帮助孩子最重要的一步。认识到你正面临的挣扎和纠结，然后找到和你有同样境遇的家长，能使你感受到彼此的理解和联合，这对于情况的改善是至关重要的。

避免用竞争的方式养育孩子

用竞争的方式养育孩子其实是在玩一场失败的游戏。尽管外表看上去竞争能带来效果，但是和其他家长做比较会让你陷入竞争的事端，常见的一个结果就是父母会为他们的儿子不如同伴而担忧。你知道邻居中哪位是争强好胜的家长，我们所有的人也都有好胜心理。当你的嫂子不停地炫耀她的儿子是个绝对天才的时候，你会忍不住想：为什么自己 14 岁的儿子早晨仍然常常忘记系紧自己的鞋带？

去年春天的一天，我登录自己的电脑，收到来自朱迪的一封邮件，整整三页纸，没有空行。我认识朱迪有几年了，她是一位非常棒的母亲。我偶尔收到这类邮件的时候，通常不会去回复或者删除邮件，而会直接给她回电话。因为我给她打电话的时候，她就会马上重新叙述邮件里提到的每一件事情：她为儿子艾文而伤心，艾文上高中二年级，现在申请大学的进度已经落后了，她常常在凌晨 3：00 的时候因为担忧这些事情而睡不着。

"朱迪，艾文现在状态很好，"我尽力安慰她，"他的成绩在提高，变得更有自信，也更有条理了，他比一年前已经好很多了，你不觉得吗？"

她同意我的说法，但是我仍然能从声音中听出她的焦虑。

"朱迪，"我说，"我能问你一些事情吗？你遇到什么人了吗？是不是遇到了别的家长？"

她说确实是听说了一些让人难以置信的事情：有的孩子 GPA 考了 4.3，SAT[①] 考试成绩是 2550，结果还是没有申请到任何大学。这时候，我想轻轻地提醒她：SAT 满分只有 2400 分，但我知道这个不重要。

她遇到的那位家长名叫麦克，是当地的一个教父，我在外地曾经见过他，但是不太熟悉。我已经收到不下 15 封像朱迪写的这样的邮件，他们都是在和麦克讨论关于培养孩子方面的话题后而

---

① SAT：英文全称为 Scholastic Assessment Test，意思是学术能力评估测试。SAT 成绩是世界各国的高中生申请美国大学入学资格及奖学金的重要参考。2016 年 SAT 改革，满分改为 1600 分。

变得焦虑紧张。不管麦克在哪里遇到家长，棒球场、杂货店、足球场，他都会不遗余力地散布他的错误信息，说他是如何费尽心思地让儿子马科斯上了一所最有竞争力的大学。

争强好胜的养育方式存在于所有的邻里和家长之间，它对任何人都没有益处。我经常会发现争强好胜的家长会无意识地取代自己孩子的生活。我们应该努力为孩子创建一个能让他们感受到成功的环境，而竞争性的养育方法却破坏了这个环境，它为每个当事人带来不必要和不恰当的压力。家长没有把注意力放在孩子自身的天赋和强项上，而是纠缠于与周围孩子的比较，炫耀那些成功故事，而这些故事有很多夸大的成分，只有一半的真实性，甚至可能只是一个谎言。所以，即便是最善意的家长也难免掩盖真实的情况，所以最好谈论一些有趣的话题或者干脆不在一起谈话，这样可以避免掉入“竞争”的陷阱。**帮助孩子成长，使他们成为自信、能与自己和谐相处、关心他人的人，这才是最终意义上的成功。这比任何分数或成绩都重要。**

贿赂、羞辱和谈判都不起作用

有的时候，来到我办公室的家长承认，他们会用钱来奖励孩子的学习成绩。他们告诉我：上学对孩子来说就是“工作”，既然这样，为什么成绩好不能得到金钱的奖赏？奇怪的是，他们并没有意识到贿赂很明显是不起作用的，也正是因为这一点，他们现在才来到我的办公室，不顾一切地寻求帮助。

对于贿赂、谈判以及与之相反的做法——羞辱，从很多角度来看都是有害的，并且不会产生效果。首先也是最重要一点是，他们赋予成绩和分数一个价值，而不是鼓励孩子学习知识。我实在想不出还有什么更快捷的方式能促使这种欺骗和短视的行为。如果你是一个15岁的男孩子，每门功课都得A的话会得到一笔数目不小的钱，这不就是在鼓励你竭尽全力去得到更多的现金吗？这些人为的因素不能培养出快乐、稳定、有韧性的个性。相反，这些孩子长大后会依赖外部的小伎俩去做事，而不是个人的做事动机。他们不去寻找喜欢并有激情做的事情，而是不断地关注外部能给予他们的奖励。另外，这些外部奖励还会引发恶性膨胀，正如赌徒的心理一样，今天你能满足孩子的金钱需求，一两年以后他可能就觉得太少了。

克雷格和祖父母住在一个大农场里。他的祖父是个保守节制的商人，有相当可观的财富。因为家里已经有很多年没有养育过十几岁的孩子了，所以他对克雷格的照顾非常苛刻和严格。我并不了解他在养育自己的孩子方面承担着这么重要的角色。克雷格是个好孩子，他真诚，热心，乐于助人。同时，他也很为自己没有条理而苦恼，由于种种原因，他很关注自己的学习成绩，他确实非常想做好，但当他没有达到自己或者祖父的期望时，自己就会很失落。

克雷格和祖父达成一个协议，只要他的GPA成绩保持在3.3分，就能有一辆福特F-150卡车。一旦他的GPA成绩低于3.3，祖父就会收走车钥匙，而不问任何原因。克雷格在上高中一年级的时候，惊慌失措地来到我的办公室，告诉我不管他怎么努力，成绩始终不理想，他为此很纠结。另外，想到自己的卡车将要被收回就更让他苦恼。学校的压力加上他自己挣扎纠结的生活状态，让他面临羞辱和失去自主权的可能，他不能再开车到处转了。家里对他的期望并没有对他产生激励的作用，而是让他变得很气馁，并且产生很强的焦虑感。他没有办法集中精力学习，害怕去学校，总是担心有什么差错会导致他的卡车被没收。

真实情况就是这样。有些时候，我的办公室会出现这样不幸的场景：刚到我这里寻求帮助的家长，在我面前列举儿子种种失败的地方，有时甚至会斥责孩子，可以看出来这就是他们亲子关系中常常出现的场景。相信我的话：对于青春期的孩子而言，没有比在公众场合训斥，特别是当着他刚刚遇到的某个人的面斥责他，更让他感到羞辱的。**只因为孩子犯了一个成长过程中的普通错误，就被别人认为不够优秀，相信没有任何一个孩子能从这样的判断中得到激励。**

帮助孩子认识到，在一个人的成长和发展过程中，犯错误是很自然的，这样才能在自己的能力范围内逐步成长。如果贿赂他，实际上阻碍了孩子主观能动性的发展，而这种能动性可能有一天会远远超出你的期望。另外，如果羞辱他，你就是在告诉他错误就等于失败，而实际上它们是不一样的，如果一样的话，我们每个人在生活中的每一天得到的都是不及格。

你的儿子其实很在乎（他只是不想让你知道）

有时候，家长会打电话给我，说儿子的学习成绩非常糟糕，接着会告诉我，他们的儿子却对自己的状况很满意。就像下一章将要提到的一个“自满的后进生”格斯，他的成绩差点不及格，但是他看上去一点都不在乎。家长说什么都不起作用。

我告诉家长，他们的儿子正在努力不辜负五百万个不同的期望，其中包括他对自己的期望。另外，他也无法抵御来自同伴、老师、学校辅导员、教练、家长、媒体的影响。其实，许多男孩子内心已经感觉到自己辜负了那些说出来或者没有说出来的期望，包括那些他们应该做到、想做到和有能力做到的事情。用发展的眼光来看，男孩子们已经能够面对自己的问题："我为什么不能做到？"但是他们通常又不会和父母分享这一点，而家长会这样说："他为什么就做不到？"这样的提问其实不起任何作用。对于很多男孩子来说，试图去实现那些看起来达不到的期望会引起过度的焦虑，他们会选择闭口不言，并且表面上做出一副根本不在乎的样子。这种行为和心理上所表现出的矛盾总比明显的受挫败要容易些。

设想一下你的老板总是让你很烦。不管你做什么事，他总是觉得做得还不够好，认为还能做得更好，更与众不同，总向你抱怨，觉得你本来能够做到，或者告诉你应该如何如何去做。过不了多久，你可能就会选择不说话，或者想办法离开公司去为能鼓励你的老板干活。

放下那些你预先认为儿子"本来应该"或者"能够做到"的想法，因为男孩子自身已经承受了太多的压力。**支持并鼓励你的儿子去发展一套实用的方法和理念，而不要贬低或者指责他过去的表现。**大多数家长很少能意识到他们自己预先的想法会在很大程度上影响孩子情感的健康和自信心的发展。

创造一个良好的开端，然后坚持下去

几年前，一位叫吉尔的很棒的妈妈打电话告诉我，她很担心儿子威廉姆，因为儿子刚上高中，对新课程的要求感到很纠结。威廉姆在一个规模较小的学校上完八年级，就直接升入当地一所离家不远的较大的公立高中。他确实没有太多的朋友，除了偶尔参加一些活动外，大部分时间都待在家里。我几个月前刚刚见过威廉姆，他来参加我为新高中生举办的关于条理性的一个讲座。我清楚地记得，当时他和另外一个男孩坐在一张桌子边，他礼貌而友好地伸出手说："嗨，你好！我是威廉姆。我以前没有见过你。"另外一个男孩无力地握了握他的手，显得有些不知所措，接着开始笨拙地介绍自己。

我立刻感觉到威廉姆是个天生的领导者，对人友好又很会照顾人。他的品德和智慧都超过他的年龄。他是那种被同伴和同学所敬仰和羡慕的孩子，我预见到他将来某一天会是一个受人尊敬的政治领袖，或者将来能运营一家公司。这些听起来是不是让你觉得他像是一个非常不错的孩子？但是他为什么也需要我的帮助呢？因为他在条理性方面的确有一点糟糕。

吉尔看不到儿子的天才和长处，总是为儿子的问题而苦恼，她希望儿子能找到一群朋友、有让他满意的社交活动、努力做到出类拔萃（但是可能并不是他最擅长的方面）。由于这些干扰，她很难意识到儿子的强项：稳重、正直、真诚、开放、热情。几个月后，威廉姆和我一起讨论如何改变他的条理性习惯，并且设立了一些目标。他提出想运营一个学生组织，在得到很多鼓励之后，他真的这样去做了，并且取得了成功。两年后，他成了学校的领袖、校队成员，校长代表中学在社区职能的讲话中还提到了这个年轻人。

在阅读本书并按照书中所提供的方法去实施的过程中，重要的是要有一个良好的开端。过去不管是什么原因让你对于孩子的学习成绩感到生气或者失落，就让它成为过去，不要再抱怨你的孩子。如果你希望孩子能专注于自己的学业，至关重要的第一步就是：让以前的失望、期待和挑战都成为过去。

尝试做一下这个练习：拿出一张纸，然后写下你的儿子因为没有条理而惹你生气或者失望的事情（如果你在一种情况下，同时出现生气和失望这两种情绪，那就给自己加分）。到底是怎样的情形最让你生气？你是如何反应的？你的反应有助于你改变这种情形，还是让情况变得更糟？你的儿子怎么回应你的反应？你的反应是增加了你儿子对于自己没有条理性的压力，还是减轻了这种压力？这样做让他感到更不能忍受，还是感觉情况有所好转？

你可以保存这张纸，然后等你下一次追赶校车之后，再拿出来看看（如果没有什么变化和进步的话，你的负面情绪会马上产生）。

按照孩子本来的样子接纳他

几年前，我曾帮助过尼克（在第 3 章关于“创意天才”的章节中，我会再次提到他）。尼克真的是个很酷的孩子，他天生很有趣，活跃、精力旺盛，他夸张的笑容和特有的个性能让整个房间都充满活力。他喜欢音乐，在学校的两个乐队里演奏，同时，他自己的朋克摇滚乐队大约每月在当地演奏一次。音乐是他的激情所在。他的父亲罗杰是个保守又严厉的律师，有一段时间很难理解他的儿子，他们的个性完全不同，罗杰不能理解为什么尼克不能做到更整洁、更准时、做事更有条理性。

很显然，罗杰认为尼克表现不够好，不能达到他的期望。他每次这样想的时候，尼克就会更往后退缩，也更为自己暗淡的前途担忧，后来干脆一言不发。罗杰和尼克的交流彻底断绝，这其中的部分原因是罗杰从来没有认识到尼克其实拼命地想要达到父亲的期望，却又担心自己永远也达不到。罗杰没有意识到男孩子的内心有一种强烈的意愿，他们不希望自己辜负别人对他们的期望，特别是当这些期望是来自他们的父亲或者其他男性的时候。

尼克每次在被一些事情所困扰或者最终没有达到理想效果的时候，罗杰都会这样说："你总是这样！你为什么就学不会？"他这样说会让尼克的感觉更差。抛开他们个性的差异，以及尼克外表上的冷淡，尼克其实希望自己的努力和强项得到认可，而罗杰看到尼克根本不在意的样子，就变得对儿子更加失望。

你的儿子是谁？他的天赋和才能是什么？他真正最想做什么？想一想，反思一下。我们在只关注孩子的分数和成绩的时候，通常会忽略掉那些天赋。请把你的儿子看成一个不同寻常的、在追寻自己激情和梦想的年轻人。关注他积极的方面，改变他的"任务和时间管理"习惯，帮助他开始逐步走向成功。

最近，似乎有很多父母在为他们的孩子担心，如果孩子成绩糟糕，考试分数很低，再加上青春期的叛逆，那么他们将上不了大学，没有未来，没有工作，找不到伴侣，没有家庭，到了 45 岁还沉迷于最新版的科幻游戏。这种担心所造成的结果就是：我们不再允许孩子犯错，把他们与生活隔离，不让他们为自己的选择承担后果，不让他们去寻找自己的人生道路，剥夺他们的成长经历。

还记得本章开始所描述的那位过度干预儿子又超级有条理的妈妈戴安和她儿子斯科特的例子吗？戴安的最终目标是让儿子自我成长，并学会生活的技能，但她最后认识到她的大包大揽却阻碍了这个目标的实现。同时，她也意识到每天给儿子带午饭、送学习资料实际上是在纵容儿子没有条理的行为，她应该让他自己去面对忘记作业或者午饭的后果，这样才能促使他认识到（可能不是现在，而是以后）需要为自己的行为负起责任来。

让他为自己的成功和失误承担责任

戴安自从儿子上高中一年级以来，就放手退居二线，让斯科特以年轻人特有的方式去成长，发展他自己的能力，面对自己的挑战。通过一段时间的平稳过渡，在上到高年级的时候，斯科特已经成为一个可靠的、值得信赖的又努力学习的年轻人，在大多数情况下都能写下自己的计划，并且不需要妈妈的帮助就能按时交作业。现在他已经是一名成功的大学生了。

保持积极乐观心态，一定会有结果

我看到上百名男孩子完全改变了自己的生活，其中绝大部分的变化是经过几小时、几周、几个月甚至几年努力的结果。这是一个循序渐进的过程，不是一蹴而就的。正如很多需要较长时间才能发生的变化一样，一个男孩子的改变是需要付出努力和时间的，有的时候，男孩子前进了四步，然后又倒退了两步。没有关系，因为这是他自己的人生旅途，需要按照自己的时间表前进。即使希望看起来很渺茫，也要保持乐观的心态。这才是解决问题的根本。

在我接触的孩子当中，有半数的男孩都属于杰伊这种情况。我第一次见到他的时候，他正在读高中二年级，在体能和社交方面都显得有些笨拙；他对人非常友好，正在尝试寻找自己在校内和校外的定位。我们第一个学期在一起做的事情很简单。杰伊对这些学习习惯都能理解，但是他只采纳了其中 50% 的建议，另外的一半被忘到了九霄云外。某一周能把活页夹整理得井井有条，而接下来的一周却又是一团糟。另外，我看得出他的妈妈在看到他懒散和犯错的时候，经常牢骚满腹。但我还是安慰她要保持积极和乐观的心态。

“不可能一夜之间就能改变，”我解释道，“想想他们不可能永远都这样。”

的确，有时他的进步是一点一滴的。第一学期的时候，杰伊发现自己的期中考试成绩当中，三门功课是 D，一门功课是 F。即便是这样，我仍然保持乐观的心态，和他一起关注学习习惯的培养，我们一点一点慢慢地重新开始。第一学期，杰伊以很慢的速度完成了学习任务，与他以往的学习成绩相比，并没有太大的进步。但是他开始明白自己需要做什么，在接下来的一个学期里，他发生了翻天覆地的变化。

后来因为他们搬了家，就没有再和我直接联系，但是他了解了自己的习惯，也有了奋斗的目标。第一学期之后，我收到了他妈妈发来的喜讯，她告诉我杰伊似乎已经明白为了实现目标自己需要做什么了。她还附上了杰伊第一学期的成绩单：

化学：A-

西班牙语：B-

体育：A

代数：B

美国历史：A

英语：A

艺术：A

杰伊的妈妈在邮件中写道，她真正看到了“儿子为自己而感到骄傲”。而这一点正是目前最能激励年轻人的。有些时候，男孩子在了解这些方法和策略半年甚至一年以后，才开始看到奇迹的发生，就像杰伊的例子一样。在接下来的章节中，我将概括出关于条理性的一些方法和策略，这些方法和策略已经在很多处于青少年时期的学生中发挥了作用，本书不仅仅局限于“任务和时间管理”方面的问题，它提供的是一套完整的体系。作为父母，你所扮演的角色是在整个教育孩子的旅途中保持积极正面的心态，能意识到所有这些都是孩子在成长过程中所取得的进步，并且他的进步离不开你的支持。

总 结

将一种新的行为方式引入孩子生活当中的时候，意味着每天有很多的工作要做，这很正常。书中关于“任务和时间管理”的技能实际上是“让你用很少的焦虑和付出，得到更好的学习成绩”，当你将这些资料介绍给孩子的时候，让他明白这一点是非常重要的。另外，要认识到你和孩子在生活中已经承受了足够大的压力，没有理由再唠叨或者和他的同伴比较学习成绩来增加更多的压力。我并不是说你不能去寻找那些有积极心态的家长，和他们分享关于如何拥有平衡和积极的生活。你完全可以寻找这样的家长，只是在分享结束的时候，要记住你的家庭有独特的优势，也面临着独特的挑战，这些特殊性决定了你会如何往前走，以及如何评价成功。这本书改变不了你的孩子，但是它却可以帮助你克服障碍，让他成为一名优秀学生，做一个他希望成为的年轻人。

Chapter 3

确定孩子的条理性类型

Identifying Your Son's (Dis)organizational Style

每个走进我办公室的学生都有着独一无二的天赋和优势，同时也面临独特的挑战。有些学生为自己的条理性而困扰，有些学生虽然有很好的条理性，能将他们的活页夹和书包整理得井井有条，但好像从来不能按时完成作业，或者不到事情的最后关头就不知道该做什么。另外，还有一些学生虽然在条理性方面能做出正确的判断，但当真正面临考试的时候，就会发现自己非常纠结和困惑。

关于“条理性”这个概念有很多不同的描述方式（属于“左脑思维”还是“右脑思维”，“什么东西都不肯扔”还是“习惯堆放东西的人”），同样，“没有条理性”也存在着多种不同的形式。如果你和我一样帮助过成百上千的学生应对“没有条理性”的挑战，就能体会到这一点。我在本章以及整本书中都会提到“没有条理性”的几种不同类型及其特征，你会发现自己儿子身上具备了其中的一种或几种。了解这些特征有助于你在学业上以及其他方面为儿子提供指导，并找到解决问题的方法和策略。

我之所以能够帮助那些长期被视为没有条理以及在身体和智力方面有严重缺陷的学生，其中一个原因就是我所使用的是一套完整统一的体系。这套体系的各个组成部分都具有很好的灵活性和适应性，可以在不同程度上帮助男生建立适用于他们自己的方法。在我的工作当中最重要的部分就是帮助每一个年轻人摆脱受控制的感觉，增加他们的信心，让他们看到更多的希望和机会。

本章下面所使用的例子都来自我所帮助过的孩子们，这些事例不仅真实，而且具有代表性。换句话说，我希望你能明白，发生在你儿子身上的情形可能正好与书中所描述的一些事例相符。在下面的章节中，我还会不断重复再现这些生活原型。

“时间安排过满的拖延者”

蒂姆属于典型的“时间安排过满的拖延者”，他是个天生的领导者，拥有热情的微笑和幽默感。他还是高中的学生会主席、学校网球代表队的队员，曾经获得多项荣誉，上“快班”，广受老师的喜爱和同学的尊重。他很自然地就能参与到各种活跃的社会活动中，因此拥有很多从小学就开始交往的朋友。在校期间，他除了上课，还会利用中午的时间参加学生会会议、和朋友们聚在一起，或是参加校内的各类体育项目。只要有社会活动、某些特别的项目或学校社团的活动，如果你不及时制止的话，这个“时间安排过满的拖延者”一定会参加。**尽管他看上去拥有外部世界的一切，但实际上他的内心已经没有办法再承受压力。**

可以看出来蒂姆是一个相当努力的学生，但是他也为自己的承诺付出了代价。他一直在满负荷运转，既要为繁忙的功课奔波，又要筹备即将到来的冬季舞会、学校集会以及朋友周末生日宴会，还要处理无数的短信、电话、电子邮件。因为过于忙碌，又以各种各样的形式参加了很多学校社团活动，他需要不停地在众多的社会活动中找到平衡。但是他还不具备纵观大局的能力，不会提

时间安排过满的拖延者

为过于忙碌，又以各种各样的形式参加了很多学校社团活动，他需要不停地在众多的社会活动中找到平衡。

前做计划，也分不清楚他正在参加的活动里面，哪些不是单靠他的热情就行，而是超出了他的职责范围。他没有办法得到老师额外的帮助，因为往往在他办完好几件事情，走进老师办公室的时候，铃声就响了。因此，他很容易感到压力重重，总是觉得自己在疲于奔命。

蒂姆在学习上表现得非常好。他从没有忘记写作业，并且还总是能按时交作业。但他是一个典型的“时间安排过满的拖延者”，他的学习时间经常集中在临近考试时或者被搁置很久的项目截止之前。他总是在截止日期的前一天晚上感到不安和焦虑，浪费很多时间，直到后半夜才疲惫地去睡觉。他习惯于这样安排事情，搞得自己身心俱疲，最后身体的抵抗力降低，很容易着凉感冒，并产生厌倦和暴躁的情绪。但是他多年来一直处于这种状态下，在走进我的办公室寻求帮助之前，每次到临近考试或者项目截止日期的时候，他都在不断重复着这样的恶性循环。

对于蒂姆和其他一些“时间安排过满的拖延者”来说，问题的关键是要学会提前做计划、做好时间管理、能不受外界干扰地处理事情（这些都将会在第 5 章中详细讨论）。对于那些“时间安排过满的拖延者”而言，他们非常忙碌，所以最重要的是要学会适时地调整休息和放松自己。

“时间安排过满的拖延者”的特征：

- ⊙ 热衷于参加学校、运动队、社团、朋友的社交活动；
- ⊙ 学习努力，功课好是激励他们的动力；
- ⊙ 擅长交际，受人喜欢，同时天生具有领导力，有很广的社交圈子；

⊙ 他们相信：由于在时间方面承诺了太多，所以总是等到最后关头才采取行动；

⊙ 试图同时完成多项任务，但是经常丢三落四，忘记记作业，因为处理太多的任务而变得散漫，这些情况常常使得他不得不从头再来；

⊙ 因为总是到最后关头才开始行动，所以变得情绪暴躁、自我封闭，在截止日期前一天的夜里11点才开始完成一个大的项目；

⊙ 往往不考虑自己是否能够承受而信口答应别人的要求，最终让自己压力重重、不堪重负。

“散漫明星”

斯科特是个乐天派的男孩，他很有趣，也总能感受到周围的开心和快乐。似乎没有什么事情能让他感到压力，而这也常常是让他的父母、老师感到懊恼的事情。对他来说，似乎没有什么事情是太重要或太严重的。对于各门功课、考试、测验和学校项目，他也很少会有紧迫感。他总是很悠闲，觉得生活中没有什么大不了的事情。他属于这种男孩：走出家门的时候没有很多的想法，回到家里坐在自己的房间里或者打印机前面，也是一副散漫的样子。几乎每天早晨，斯科特的母亲都会跟着他冲出家门，交给他午餐、英语作文以及上周就应该交回学校的足球运动服。

斯科特是个很擅长考试的学生，在统一考试中总能拿到高分，因此他的父母从高中起就对他寄予了厚望。在上小学和初中的时候，斯科特总能用他的微笑和魅力来掩饰自己的失误。但是到了高中，他经常不能按照学校的要求去做事，作业也总是迟交（脸上仍然带着微笑），不能把老师交给的项目一次完成。在学校里，这些“散漫明星”很少参加班级活动，但总是喜欢搞一些无妨大碍的恶作剧。斯科特很少有紧迫感，除非有新鲜的东西吸引他。例如：即使周一要交的作业还没有完成，他也会花上整整一个周日的时间来为他的 iPhone 手机下载最新的 24 集连续剧。和许多“散漫明星”一样，斯科特表面上看起来并不真正在乎在学校的表现，家长和老师们在大多数情况下也都认为像斯科特这类学生属于不思进取、对学校漠不关心的孩子。**其实，他们是用悠闲的表象来掩饰内心真正的沮丧。**当斯科特了解到这一点的时候，自身承受的压力变得很大，我几乎都能看到他耳朵里冒出的“压力蒸汽”！

像斯科特这样的男孩，只是不知道如何变得有条理，或者说如何建立有效的学习模式（因为从来没有人过告诉他们）。因此，这样的结果就导致“好心办坏事”。另外，有些“散漫明星”对一成不变的教室环境感到枯燥无味，他们喜欢有彼此互动和小组活动的学习环境。还有些男生需要有挑战和参与感，只是他们还没有找到自己真正有兴趣去做的事情。

“散漫明星”的特征：

⊙ 易于亲近，幽默有趣，外表平静；
⊙ 健忘，做事没有条理，容易因为承担社会义务而分散注意力；
⊙ 乐于参加社会活动，在群体中口碑很好；
⊙ 社会活动丰富，对于学校生活感到无趣；
⊙ 很难排出事情的优先次序，没有紧迫感；

- ⊙ 课外活动和社会活动结束后，才开始做学校的功课；
- ⊙ 擅长考试，统一考试总能拿到较高的分数，平时成绩低于中等水平；
- ⊙ 很难为自己该做的事情设定时间，总有其他更重要的事情要做；
- ⊙ 忽略一些简单的作业，忘记与考试相关的事情，不能按照要求去做，抓不住问题的重点。

“技术专家”

彼得在电脑和设置复杂环绕立体声系统方面是个神童，他对高科技的东西非常痴迷。所有与电脑、手机、视频游戏有关的最新最尖端的技术他都非常擅长。当他沉迷于自己喜欢的事情时，那种投入和执着的精神无人可及。他会花上好几个小时的时间在车库里把一样东西拆散，然后再想办法把它们拼装上，最后他总能成功地拼装好，并且还会对它的结构进行改进。他常常急匆匆地写完作业，然后开始全身心地投入到“魔兽大战”或者其他游戏中，他确实是个非常聪明的战略奇才。

与斯科特和蒂姆的社交方式不同，彼得主要是通过电脑和手机短信的方式与人交往（和消遣）。他觉得通过网络提供的即时信息系统与人交流比面对面或是打电话要舒服得多，所以他诙谐幽默的天性也主要是通过电脑聊天来体现的。他忍不住每隔两个小时就要查收电子邮件 50 次，因为他对电脑（手机或是平板电脑）进行了设置，无论是收到邮件还是有人访问了他的个人网页，都会有提示音。结果就是每隔一个小时就会有 30 次提示音，这让他不得不停下手里正在做的事情，来查看发生了什么新情况。

另一方面，彼得的父母发现他对这些技术的东西太过痴迷和上瘾，他们希望彼得能够时不时走出自己的屋子活动活动。他们非常担心对于虚幻世界的沉迷会让彼得脱离现实生活。而彼得通常的反应是：尽管他琢磨这些高科技的东西优先于写作业，但是他确实需要用电脑来完成作业。他实在看不出用 5：1 的时间来玩 Xbox 游戏机和写那些枯燥无聊的作业有什么问题。

像许多“技术专家”型的孩子一样，彼得非常聪明，与其他同龄孩子相比，他更能掌握一些复杂概念。**他的应试能力超乎寻常，但是有些知识点还是没有掌握，平时常常忘记交一些简单的作业，因为他认为那些不重要。**他的活页夹一团糟，也从来不用自己的计划表。但是，如果遇到他真正感兴趣的作业，他会全力以赴去完成。他这种走极端的学习态度，造成他的学习成绩总是平平，这让他感到很沮丧。对于彼得而言，他需要知道如何把高科技当作自己学习的辅助工具，而不是一种干扰。例如：利用电脑来进行文字处理的时候，不要打开即时信息。这才是帮助他更合理有效地进行时间管理最重要的一步。

“技术专家”的特征：

- ⊙ 喜欢电脑、小器件以及各种现代科技产品；
- ⊙ 总是花费很多时间在室内；
- ⊙ 电脑是他们最主要的通讯和娱乐工具，社交活动也主要依赖电脑；
- ⊙ 在与人面对面交流的时候，往往表现得害羞、胆小；
- ⊙ 很容易对高科技沉迷，总是强调需要通过这些技术手段才能完成自己的功课；

- ⊙ 对真正感兴趣的事物（某个项目、视频游戏、个别作业），会非常投入；
- ⊙ 具有很强的理解概念的能力，通常会考虑一些智能化处理的问题；与同龄孩子相比，他们非常有创意、也具有较强的思考能力；
- ⊙ 时常忘记作业，处于非常混乱的状态，容易受到干扰，认为没有价值的作业就不交。

“挣扎型学生”

保罗的背包总是非常整洁。他能很好地使用自己的计划表，并有一套整理活页夹的方法。很少看到他到处乱扔作业，总体来说，保罗相对于我所认识的其他七年级的男孩而言具有非常好的条理性。保罗的妈妈告诉我，他很高兴来见我，并且已经做好准备，来学习和掌握我所提供的“任务和时间管理”方面的方法和策略。

无论在家里还是学校，保罗都很勤快，脾气也很好。他擅长形象思维，别人对他提出的要求，他绝不让自己违反。他从来不会不交作业，总是想把事情做好，并且也竭尽全力去做每一件事情。在校期间，他坚持按照老师的时间和要求去做事，多数老师都愿意班里有保罗这样又安静又专心的学生。保罗有特定的朋友群，但他还是会为自己的学习、自信心、自尊心而苦恼。他非常努力，属于“挣扎型学生”。经过测试，保罗处理事情的速度在平均水平的13%。他的同学用不到30分钟就能完成的阅读作业，他却会花几小时来完成。在平时测验和统一考试的时候，他本来是可以要求延时的，但是他并不想提出这个要求，因为这会让他感到尴尬，他不希望被同学视为“笨蛋”（他自己认为的）。在学校里，他有一个小的朋友圈，但是他表现得缩手缩脚，也不敢扩展自己的社交圈子。他悄悄地参加了有限的几个俱乐部，但还没有在其中找到自己的一席之地。

保罗属于“挣扎型学生”，他的统一考试成绩总是不理想。别的同学很容易就能掌握的概念，他却往往很难理解，这让保罗很为自己的能力感到苦恼和沮丧。他在学习方面非常没有自信，学习成绩上的失败开始影响到这个有礼貌、守时、积极进取的孩子的自尊心。

除了通过改进学习方法来帮助他有效地掌握学习内容、提高学习效率外，更重要的是帮助保罗拓展一些课堂以外的新领域，让他体会到成功和自己的价值。例如：可以当志愿者来帮助小孩或者老人，也可以努力尝试参加新的运动项目，学习一种乐器或上一些其他课程。对保罗来说，最重要的是让他发现自己的激情所在，找到自己成功的领域。

“挣扎型学生”的特征：

⊙ 有学习困难，为追赶同伴的学习成绩而纠结；

⊙ 需要花较长的时间完成功课和阅读；

⊙ 勤奋学习，认真完成所有作业，付出很多的努力，但是考试成绩不理想；

⊙ 为学习成绩差、没有自信和自尊而苦恼；

⊙ 内心纠结、不自在，很少在课上提问或参与课堂活动；

⊙ 考虑问题比较具体，能严格按照别人的要求做事情，不会挑战权威；

⊙ 希望能讨人喜欢，有礼貌、和蔼、善良，能主动把事情做好，但是学习方面的困难有时候会让他感到压力重重。

“创意天才”

尼克是个高中二年级学生，是极具天分的歌手和吉他手，他的梦想是有一天能在唱片公司发展。我们在一起常常开玩笑说，他需要送我几张演出票做纪念，因为说不定哪天他的巡回演出票就都卖完了。我喜欢把尼克这样的学生称为“创意天才”，他们通常在音乐、影音艺术、戏剧艺术等方面表现出杰出的才华。他们拥有广泛的艺术天赋，擅长使用右脑，但是在课堂上他们表现得散漫，喜欢沉思。需要他们专心听讲座的时候，常常发现他们在涂鸦，或是关心讲座以外的事情。

“创意天才”会把他们的全部精力完全投入到艺术中，关注他们错过的那些细节。他们也不太会处理日常的问题。他们很难运用条理性方面的具体方法，因为这些方法和策略不符合他们天生的学习和记忆模式。当尼克初次与我接触的时候，我立刻感受到，他相对于同龄人而言具有超常的洞察力，能敏锐地感知周围的世界。在英语课上，他的作文比其他同龄人更有创意、深度和幽默感。但是他的学习成绩往往让人误以为他是个差等生。

当我们翻看他书包的时候，发现他的活页夹完全没有用过，里面整整齐齐地放着打了洞的活页纸，不过上面没有写一个字。活页夹下面是一堆皱巴巴的纸，压在书包最底层。

尼克在时间管理方面很纠结，他花费了大量的时间和精力发展自己的艺术，为自己的乐队和当地的音乐会创作歌曲。他所承担的这些责任让他精疲力竭，当他回头写作业的时候，就会觉得枯燥、无聊、对他的生活毫无意义。他擅长抽象思维，很困惑为什么要去完成那些对他的个人成长和发展没有多少价值的事情。

像尼克这种“创意天才”，需要定期对他们的创造力和兴趣加以引导，课内和课外的能力都要均衡发展。对他来说重要的是要“有目标地去工作”，需要去做那些让他感到兴奋的事情，否则就会觉得没有意义。通过创造性的工作，他能更积极主动地改善自己的条理性，提高时间管理能力。他渴望能有更多的时间过一种有意义的生活。这一点是最能激励他的。另外，寻求有创意的学习方法，可以有效帮助“创意天才”们更有主动性。但是条理性仍然是他纠结和苦恼的事情，他往往需要通过对事务进行重新组织和整理，才能让自己进入正轨。帮助这些“创意天才”的一个比较好的方式是经常休息，这样不至于让他们感到所做的事情过于平庸，避免他们产生挫败感，让他们了解到日常生活中总是有让他们充满激情去做的事情。另一方面，把他们的创造力运用到学习方面，也可以帮助“创意天才”在学业上发挥主观能动性。

“创意天才”的特征：

⊙ 有直觉力、创造力和洞察力，擅长抽象思维；

⊙ 容易迷失在细节中，很难顾及全局；

⊙ 花很长的时间在一件事情上，关注琐碎的细节，常常忘记第二天要交的作业；

- ⊙ 喜欢从事自己感兴趣的事情，逃避那些看起来枯燥或者死记硬背的作业；
- ⊙ 看上去散漫、杂乱，到处乱放东西，东西总是弄得皱皱巴巴；
- ⊙ 喜欢胡乱涂鸦，做白日梦，经常忘了记作业；
- ⊙ 写作业的时候，需要不停休息，因为完成日常的作业很容易让他心烦意乱。

“善辩的智者”

克莱是高中校辩论队的成员，他是这群聪明人里的聪明人，不仅具有超强的语言天赋，而且有深刻的思想和分析能力，各方面水平都明显高于同龄孩子。克莱喜欢与老师和其他成年人讨论问题，以显示出他有能力参与课堂提问，并能提出精辟的分析和见解。只要他一举手回答问题，班上的一些同学就会退缩。因为他们往往只能回答问题的一半，而另外一半他们根本就不会想到。如果你询问克莱的同学他是怎样的人，他们一定会说：“他是班里最聪明的学生之一。”

他会花掉所有的业余时间与朋友进行辩论，也经常参加周末的辩论赛和决策会议。他用大量的时间为比赛收集完善的案例和论点，改善自己的演讲风格。辩论是他的激情所在。他可以在任何事情上说服任何人，但是，往往因为想法过多，总是希望能把所有的观点一次都表达出来，所以他不能用更简单清晰、更有逻辑性的思路来表达一些恰当的观点。

像大多数“善辩的智者”一样，克莱所思考的问题复杂而富有挑战性。然而，在学习上，克莱排在班里中等偏下的位置。他对测验和考试感到头痛，特别是数学和科学这两门功课，因为他不知道任何学习技巧，甚至不知道从哪里开始学起。他的房间看上去就像是遭受了多次龙卷风的袭击，出门的时候找不到鞋，书包里也塞满了乱七八糟的纸。他经常忘记做作业，交上去的作业也总是皱巴巴地团在一起。有的时候，他会很早起床赶着写两周前就布置的英语作业。他不明白需要考虑做事的优先顺序，也不知道除了辩论外，还应该关注其他事情。

由于他的学习成绩不理想，所以不能进入历史和英语的高级班，其实，高级班能让他发挥自己的实力，让他感到舒适。他很难意识到，也很难承认自己的学习方法不起作用。因为他不公开向别人寻求帮助，也不承认他做得不够好，所以他的同学错误地认为他将来要成为“演说家”。

克莱面临的主要挑战是，他需要主动地创造完成作业的时间和空间（参见第 4 章），而不是消极地应付作业。不幸的是，克莱自信地认为自己智慧超群（“善辩的智者”认为他们永远是对的），对试图改变他行为的事情都会提出质疑。对于像克莱这样的孩子，解决问题的关键是，让这个办法看起来像是他提出来的，或者从他其他的兴趣（比如：准备辩论）中寻找实例，目的是告诉他“具备条理性能让他更成功”，让他觉得不惜一切努力换来的成功是值得的。

“善辩的智者”的特征：

善辩的智者

克莱所思考的问题复杂而富有挑战性，然而他不明白需要考虑做事的优先顺序，也不知道除了辩论外，还应该关注其他事情。

- ⊙ 课上表现活跃，口才很好；
- ⊙ 被同龄人认为智慧超群；
- ⊙ 能够轻松地与成人互动，同时又面临来自同龄人的挑战：他思考问题的速度和深度不能被同伴完全理解；
- ⊙ 为一些基本的条理性问题所困扰，不用计划表，书包下面压着皱巴巴的作业纸，根本没有活页夹或者活页夹里面是空的；
- ⊙ 总是沉迷于让他感到兴奋的事情，没有时间观念；
- ⊙ 很难承认自己需要帮助，或者承认他的条理性方法不起作用；
- ⊙ 很难对事情设定优先顺序，很固执。

“认真的懒鬼”

大多数“认真的懒鬼”来到我办公室的时候都感到很困惑：为什么他们非常愿意去做的事情，却总是做不好，他们相信自己已经在学校做到了全力以赴，却总是看不到实际的效果，认为：“花半个小时写一篇五个段落的文章已经够多了，30 分钟总比一点都不写强吧，再说了还有打字的时间。”他们确实感到困惑：为什么这么努力地学习，但仍然不能像他们的朋友那样取得好的效果呢？他们对如何完成作业、复习考试、参加长期项目都感到束手无策。

像大多数“认真的懒鬼”一样，达米安对自己的学习没有合理的预期，也不知道如何去达到这些预期和目标。打开达米安的活页夹的前面，会发现里面干干净净的，因为他总是把所有重要资料都放在书包的最下面，时间长了很容易磨成碎片。历史考试的前两天，他把五个章节的内容写在三张记忆卡上，认为这样就算是做好了充分的准备。此外，他也不会合理有效地管理时间。考试前一天，不去看书复习那些一知半解的问题，而是花上几个小时的时间玩电脑。

多数“认真的懒鬼”不会做出一副为他们的行为感到骄傲的样子，他们也意识不到苦恼是由于自身造成的。**他们认为自己已经了解了学习上取得成功的秘诀，只是还没有记下来。**许多“认真的懒鬼”有着害羞的一面，往往不爱说话，也不愿意提问。他们也不擅长参加课外活动。即便参加某个俱乐部或是社团，最多也是个编外人员，很少承担领导的角色。由于对学习成绩缺乏自信，他们往往对自己其他方面的生活能力产生怀疑。他们会到了学期末的最后时刻，才匆匆忙忙地补齐老师很久以前布置的作业，然后老师在成绩上多给几分，让他们勉强通过考试。

当你告诉“认真的懒鬼”需要改变习惯才能看到自己渴望的结果时，他们开始会比较抵触，认为这是一件可笑的事情。对于达米安来说，重要的是不要让他感到压力过重。所以，我每次只给他提供一部分方法，而不是把所有的方法都告诉他。让他在几个星期之内只集中应对一种挑战，当他使用了下个章节中所介绍的方法和策略，并看到自己成功地实现了学习目标之后，就会变得更积极主动，成绩也更上一层楼。这也是他的家长、老师和同学们根本想象不到的事情。

“认真的懒鬼”的特征：

⊙ 认为自己学习勤奋，但他努力的程度离成功所需要的付出还相去甚远；

- ⊙ 能完成大部分作业，但总是遗漏一些；
- ⊙ 为自己总是做不好而感到困惑；
- ⊙ 做出一副努力学习的样子（对自己和对别人！），花费大量时间在屋子里写作业，其实效率很低，写作业的同时发即时信息、发手机短信、上网；
- ⊙ 感兴趣的事情很少，如果有的话，似乎也能充满激情地积极参与；
- ⊙ 对完成大量作业和任务所需要付出的努力估计不足，拖到最后才付出很少的努力；
- ⊙ 重量（完成作业）不重质（扎扎实实的努力）。

“自满的后进生”

当古斯第一次走进我办公室的时候，他对自己 C 或者 D 的学习成绩好像很满意。唯一让他感到苦恼的是还得在暑假参加学校组织的考试补习班。即使能像“认真的懒鬼”达米安那样，有能力取得更好的成绩，古斯也从来没有认真学习，也从没有想通过努力来充分挖掘自己的潜能，让自己成功。或者即使真的努力了，他似乎也不太在乎。

古斯是个编故事高手，他告诉父母、老师和同学他如何成功。他还是个伟大的演说家，拥有一流的口才，很难找到更恰当的词语来形容他口若悬河的样子。每个学期，他都信誓旦旦地对父母发誓，说他会以全新的面貌迎接新的学期，并且会在这个学期里表现得更出色。他精心编造故事，说他如何得到老师的额外帮助，作业做得非常好，在班里也表现出众，在同学们面前特别有信心。他还自豪地吹嘘说他顺利通过了所有的考试，直到有一天父母收到学习进度报告或是接到家访电话，才知道他有八项作业没有做，课下也从来没有找老师。天哪！他说的那些测验真的顺利通过了吗？古斯其实基本都没有及格，有的成绩还是D。

起初，古斯在学习上的这些小伎俩让他的父母认为他们的儿子有“病态撒谎”的毛病。但是实际上，他编造谎言的目的是为了让家长高兴，告诉父母那些他们想听到的事情。这种错觉让他可以逃避现实，他根本不知道下一步该怎么做，且认为这些都毫无意义。尽管他告诉父母他找老师寻求额外的辅导，但其实他害怕去找老师，担心会暴露出自己什么都不会。

实际上，古斯还是有很多非常感兴趣也做得不错的事情，只是这些事情都与学习无关。但是学校里的成绩让他对自己的能力和自我成长潜力产生了怀疑。大多数同学、老师，甚至家长都对他不抱希望，认为他对于做好自己的事情和发展自己的潜能毫不关心。其实他们完全错了。对于古斯这种情况，只要老师对他的强项加以关注，并给予真诚的赞扬与鼓励，就会发现他有可能成为一名非常有才华的作家。

有时候，鼓励“自满的后进生”使用“条理性和有效时间管理”的方法会比较困难。因为他们花了那么长的时间来掩盖自己的失败，所以他们首先需要承认自己的担心和挫败感，才能不断向前发展。他们需要从根本上知道寻求帮助是完全可以的。同时，他们也需要将自己的未来、梦想和追求视觉化。要帮助他们重新确定自己的想法，至关重要的是给他们创造一个空间，重新树立

自满的后进生

实际上，他编造谎言的目的是为了让家长高兴，告诉父母那些他们想听到的事情。这种错觉让他可以逃避现实，他根本不知道下一步该怎么做。

信心。在这些帮助之下，“自满的后进生”就可以看到，一个细小的变化可以给他带来巨大的影响，创造更多的机会。重新开始永远都为时不晚。

“自满的后进生”的特征：

- ⊙ 似乎对学校漠不关心；
- ⊙ 能与成人轻松交谈，口齿伶俐；
- ⊙ 对自身评价很低；
- ⊙ 会编造复杂的故事：学习努力，成绩优异；但是父母最终会从学习进度报告中了解到真相；
- ⊙ 对学校布置的作业只付出很少的努力，根本不担心完不成作业；
- ⊙ 对学校的活动，既不参与也没有多少动力。

以上列举了一些条理性类型，其中一些可能引起了你的共鸣，也许你的儿子既像“认真的懒鬼”又像“创意天才”，还有点像“技术专家”（喜欢视频游戏，潜心研究角色扮演的真实效果，却不明白为什么用15分钟的时间来完成家庭作业还不够）。本书的目的是为你提供一些方法和策略，来帮助你的儿子按照自己的需求和个人风格，来建立适合他的“任务和时间管理”方案。通过这本书，我将根据不同的条理性类型来为你提供具体的技巧和方法，其中涵盖关于学习时间、学习空间、条理性以及学习技巧等诸多方面的内容。所以，做个深呼吸，想象一下成功后的情景，积极正面地去思考，让我们一起开始吧！

总 结

没有人喜欢贴标签，但如果单从识别和解决问题的角度来说，对人群进行分类和命名还是有用的。

◎“时间安排过满的拖延者”似乎拥有脚下的世界，但是他们似乎永远都不会获得成功，因为总是在截止日期之前产生一些意外。他们也不会拒绝加入另一个社团。

◎“散漫明星”的学习成绩还算可以，但也是付出代价的，因为他健忘和散漫的态度，使你不得不花很多时间给他们送作业或者学习资料。

◎“技术专家”可以很轻松地告诉你如何操作iPhone手机或是如何让你的家用电器运行起来，但是他们很少能把这些技术上的优势成功地运用到认真学习中去。

◎“挣扎型学生”渴望成就各方面的大事，可惜他们处理事情的速度处于中等以下的水平，即使一般的学习压力在他们眼里也是挑战，任何分散注意力的事情都会让他们陷入困境。

◎“创意天才”在音乐、绘画、摄影方面是个天才，但是在学校他们特别需要一个可行的学习计划。

◎“善辩的智者”擅长语言艺术，但是在写作或者考试方面却达不到同样的水准（恐怕他们一生也想不明白其中的原因）。

◎“认真的懒鬼”相信自己只需要把一点点努力用在正确的地方就足够了，这种逻辑带来的结果往往并不乐观，也让他们很困惑。

◎与“认真的懒鬼”相类似的是“自满的后进生”，他们付出很少的努力，对不好的结果也无所谓。毕竟，不就是上学吗？

设立学习目标和个人目标

Setting Academic and Personal Goals

当学生第一次走进我的办公室寻求帮助的时候，我会在开始的阶段，花上几个小时的时间来整理他们的活页夹、浏览他们的计划表、清理书包底下的每一张作业纸。我一边整理，一边询问他们喜欢参加的活动，以及他们想要完成的事情，这样做是想感觉一下他们的兴趣点和激情所在。**很多时候，我们成年人没有留意到那些让年轻人感觉快乐和满足的事情。相反，我们唯独关注的问题是：学校的作业、测验、GPA是不是不够好？**学生常常吃惊地发现我会对他们喜欢做的事情这么感兴趣，因为他们认为来到这里只是来学习如何变得有条理。他们非常兴奋地和我谈论自己的摇滚乐队、对赛艇的爱好，以及对历史小说的痴迷。

在了解了他们的个人兴趣后，我会告诉他们：如果他们在写作业或者学习的时候运用“任务和时间管理”技巧来提高效率，那么就可以有更多的时间去做那些让他们产生激情的事情。在他们离开的时候，我让他们想出在下个学期或者学年希望实现的三个学习目标和三个个人发展目标。学生们在列出这些目标的同时，完成了两个重要的步骤：首先，树立了一个清晰的目标和他们所希望的完成方法；其次，他们开始意识到“条理性”是寻找个人成长道路的重要方法。

我之所以关注他们的个人兴趣，是因为现在多数的教育体系无意中建立了一个只注重结果，不关注过程的模式。也就是说，我们强迫孩子做事情的模式是：记住或者学会了理论，然后付诸行动，而不去关心他们的激情在哪里，也没有帮助他们培养个人的天赋。这样做的结果就是：许多学生很快变得自由散漫，对事情渐渐失去兴趣。如果激发你的儿子设立目标，并且把他的兴趣爱好视觉化，那么就可以让他的激情和天赋在他的人生旅途和成功之路上发挥巨大的影响力。

在办公室里，我通常会在学生学习完这些特别的学习技巧和条理性方法后，让他们设置个人目标。当你和孩子在一起的时候，不要只去关注他忘记写作业、乱七八糟的书包和糟糕的学习成绩，而应该从讨论他的个人兴趣开始，这样对他才有吸引力。如果能坐下来询问你儿子的个人目标和渴望，相信他一定能发生好的转变，就像在我办公室里所发生的那样。你可以在车里和孩子有一次不经意的谈话，或者是在餐桌上提及某一个话题。如果他并不想马上和你分享他的想法，也没有关系，只要埋下这个种子，之后他就会开始重新整理自己的思路，并且构思他的目标和期望。在采取这些步骤的过程中，实际上你就在帮助孩子更充实地投身于他的个人成功之路。提醒家长：和孩子讨论他的兴趣爱好，不能用很突然或者偷偷打听的方式进行，如果以前父母和孩子不是很亲近，突然对孩子表现出兴趣会让谈话从一开始就陷入僵局。所以这是你和儿子之间循序渐进的一个过程，有时候可能需要通过几次谈话才有效果。

鼓励你的儿子思考下面三个问题的答案：

1. 如果这一天很清闲，你会如何度过？

2. 如果你在生活中可以做任何事情，你会去做什么？为什么？

3. 如果你知道自己肯定不会失败，你会去追随什么样的梦想？

我们经常会不经意地关注外部的奖励（如果考试成绩得了 A，就可以上光荣榜，就能上某所大学），而没有看到是内在的因素在激励我们每一个人，让我们感受到自己有无限的可能性。当你的儿子在很兴奋地做一件事情的时候，他的整个面部表情都会有变化，并且他对生活的看法也会改变。**询问孩子他所期望完成的事情，就是让他展望自己的成功，这种成功也许在目前的生活中还不能马上看到。**你要鼓励他开阔自己的视野，而不仅仅局限于交作业和考好成绩这些狭隘的、短期的目标，允许他描绘梦想和灵感的蓝图。同时，你也要帮助他改变自己的思维方式，看到："任务和时间管理"技巧就像一块基石，是通向终点的手段，而不是一个无法承受的重担。

梦想和目标

即使有些家长清楚地知道他们的儿子心里是怎么想的，但是在围绕上面所列出的三个问题谈话的时候，得到的答案还是会让他们很吃惊。事实上，你所认为的儿子的目标与他自己设立的目标可能大相径庭。只要你自己（以及其他人，包括外祖父母、兄弟姐妹、善意的邻居或者老师）跳出这个框框，允许他发现和展示自己的目标，那么他的行为就会发生改变，而不需要再没完没了地唠叨、担心和烦恼。如果你的儿子能想清楚他真正想做的事情，并愿意为之付出努力，那么作为家长，你在其中所扮演的最恰当的角色就是帮助他释放那些激情，并将激情转变成目标。假设你的儿子对第二道题的回答是“艺术”，那么把它转变成一个短期目标也许就是：“有什么办法能让你更多地接触到艺术呢？是暑假艺术班？还是学校的艺术课？”重要的是不要对答案做任何评价和论断，这样才能让你的儿子自由自在地和你谈论他真实的兴趣，他的答案也许会给你带来意外的惊喜。

当你的儿子设立了自己的目标以后，他就要为自己的未来承担责任和义务，年轻人的责任感是他们实现目标的有力武器。多数成年人都渴望能掌控自己成功的未来，同样，对于青春期的男孩子来说，给予他们相同的理解自由和达成目标的力量，这对于他们的个人成长和发展都是至关重要的。即使是对五六年级的孩子而言，责任感也是导致他们做出改变的一种强大的原动力。不要用溺爱和操控的方法，而是去询问这些男孩子：“你最想做什么？我们如何帮助你（最重要的是你如何帮助自己）去实现？”

每当看到这些曾经完全没有任何条理的孩子变得能有条不紊地整理活页夹、计划表和书本，学会安排自己每天晚上和每周的计划，让每样东西都各就各位的时候，我都既惊讶又感动。亨利第一次走进我办公室的时候，是他升入高三之前的那个夏天，他刚刚被诊断患有“注意力缺陷多动障碍症”。亨利是班里有名的大活宝，他引人注目又滑稽好笑，并且他真诚地希望能被别人喜欢。他还参加了学校的水球队和游泳队，晚上会在他的车库里练习架子鼓来释放压力。他第一次坐在我对面的时候，脑袋好像被什么东西不断地击打，双手像鼓槌一样敲打桌子的边缘。

亨利知道他的成绩不能反映出他的学习能力，我也看出他的自信在减弱。他是那种很容易被某些老师错误地判断为没有明确目标又懒惰的男孩子，其实，他除了容易感到心烦意乱（注意力缺陷多动障碍症的症状）外，很想在学校表现好些，并且希望能从“条理性系统”的学习中得到真正的益处。

我几乎花了整整一个学期的时间来说服亨利写作业时不要听音乐，他喜欢和我探讨他自己的“任务和时间管理”计划与我所建议的有什么不同。在学期结束的时候，他坦白地承认学习的时候不听音乐，效率会更高。只是以前他从来没有这样尝试过，因为他认为写作业的时候没有音乐会很枯燥，所以一直坚持不做改变。但是，后来他逐渐在改变，先从抒情音乐转换成器乐曲，到最后写作业的时候完全不要音乐。

在我们第一阶段的尝试结束的时候，我给了亨利一张目标作业纸，并告诉他，来到我办公室的每个人都要设立目标。他马上变得很严肃，很专注。他在考虑实现目标的各种可能性的时候，眼睛睁得大大的，然后，开始安静地认真思考自己的目标。过了一会，他在纸上草草地写道:“为 50 个以上的听众演奏架子鼓。”

“听起来很棒啊，”我说道，“你一定能做到。”

他真的做到了。不到一个月，他兴冲冲地跑到我的办公室来。

“安娜，你猜怎么着？我实现了我的目标。”他激动得几乎要跳起来。

“安娜，”他接着说道，“我爸爸还录了像，并且放到了 YouTube 网站上，想不想看看？”

我们来到电脑旁，亨利开始向办公室里的每一个人讲述他的经历。学校负责校园活动的主任邀请他在高中生集会上独奏架子鼓，当时至少有 1500 名观众，远远多于他所设立的 50 个人的目标，他欣然接受了邀请。有朋友的鼓励和父母的出席，他准备大胆地尝试一次。我们看到他尽管有些紧张，但是在众人面前表现得非常自信，演奏中途掉了一根鼓棒，他却表现得很镇定，假装做出故意这么安排的样子，然后继续正常表演。演出结束后，就像他梦想的那样，听众的热情进入高潮，并且要求亨利以后每次集会都来表演。

在接下来的一年半当中，我们一直在一起，亨利的生活和学习成功地步入了正轨。他开始逐步适应“任务和时间管理”的方法，并且在学业和课外活动方面都变得更积极主动。他的 GPA 成绩从 2.8 提高到 3.5，SAT 成绩甚至让他的指导顾问都大吃一惊。同时，他还在电台的早间广播栏目《海湾地带》中演奏架子鼓，听众达到几千人。他成了同伴中的领袖人物，并且在高年级的时候被推选为学生会主席。他的自信心提高到了一个新的层面，他一直希望自己能成为这样的学生，现在他的期望终于变成了现实。

对于亨利来说，实现自己的个人目标是实现他学习目标过程中最重要的一步。他需要相信自己，发展自己内在的自信心。同时，也需要别人对他的梦想给予肯定和信任。虽说他看起来已经对自己很有信心，但是在一大群同伴面前表演，更能给他自信，让他能实现甚至超越自己的目标。

三个学习目标和三个个人目标的要求：具体并且可评估

和你的儿子讨论目标是帮助他相信自己能力的第一步，这样做可以促使他思考自己真正想要做的事情是什么。概括地说，根据我的经验，男孩子们更愿意设定目标，对他们来说列出个人目标和学习目标并不难。设立目标的过程能激励他们去思考自己能做什么，并且在达到每个目标的时候，他们会得到一种极大的成就感，这样能激励他们为自己设立更高的目标。

来我们办公室的学生们在每个学期都要设立三个学习目标和三个个人目标。我们倾向于设立在下个学期或者下个学年（对许多青少年来说好像很遥远）就能实现的短期目标。在学习目标方面，我们建议学生关注那些需要改变的学习习惯，例如：每天写计划表，或者不受干扰地完成作业。对于个人目标，学生可以随便选择，最重要的是尊重个性，让每个年轻人来决定他们想要亲自完成的事情。我有一些最喜欢的个人目标：不被罚、在演出中扮演一个角色、创建一个七年级的排球队、经常和爸爸一起打高尔夫球、考驾照的时候能一次通过。

重要的是给男孩子空间、让他们自由支配，并且确认他们写下的目标是自己想要实现的，而不是别人对他们的期望。**很多时候，一个目标（比如：在餐桌上完成作业）对于家长来说似乎很简单，而在年轻人眼里却是非同寻常的一步。**我见过男孩子实现了在很多成年人看来过于雄心勃勃的目标，所以我会尽量避免对目标是否恰当做论断。相反，我会鼓励孩子们关注那些他们在下个学期或者学年能实现的目标，并且帮助他们找到完成目标所需要的步骤。通过设立学业以外的个人目标，可以帮助男孩子开阔他们的视野，了解丰富多彩和充满乐趣的生活，而不是仅仅关注有个好成绩、在学校表现好。

下面介绍设立目标时应该记住的一些技巧和方法。

把设立目标当作一种家庭惯例

每个家庭都有不同的风格和模式，你应该知道什么方法在自己的家里最有效。即使有些家长对设立目标持怀疑的态度，但是他们常常也会吃惊地发现：一旦每个家庭成员都认真投入的时候，儿子的积极性就被激发出来了。没有人要求分享他/她的目标，但是如果家庭成员公开宣布想要实现的目标，并且愿意花一个小时的时间来思考如何实现目标，那么这样做也很有帮助。

也许你并没有学业方面的目标，但是可以设立一个经济方面或者健康方面的目标，目标要具体、可评估并且要和孩子的学习目标相结合。有一位妈妈和她的儿子就是这样做的。这位妈妈很喜欢烤蛋糕，她可以花几天的时间在厨房里愉快地创作各种各样的蛋糕。看样子，她真的不喜欢在办公室工作。我觉得她的梦想是成为一名厨师，但是可能在早年的时候被扼杀了。我建议她和儿子一起设立目标，鼓励上八年级的儿子继续读书。那个周末，她和儿子谈得非常融洽，他们都为自己设立了一些目标。她设立的目标是参加在旧金山烹饪协会的周末烘焙课程，这样，他的儿子在学习代数基础的时候，她自己也可以在烹饪艺术这一新领域里开始新的尝试。

鼓励自我竞争

著名的芭蕾舞演员麦克海尔·麦瑞斯卡夫（Mikhail Baryshnikov）曾经说过："我不希望比别人跳得好，我只想着比我自己跳得更好。"我喜欢这句名言，也经常和学生一起分享这句话，让他们关注自己为了取得进步所付出的努力，而不是关注周围人在做什么。

但是如果家庭成员公开宣布想要实现的目标，并且愿意花一个小时的时间来思考如何实现目标，那么这样做也很有帮助。

多数的男孩子喜欢竞争，凡事都会建立一个小的竞争圈。（谁能更快地跑到那座大楼？谁能在一分钟之内吃下更多的蛋糕？）鼓励自我竞争，其实是在帮助他们发展内在的动力，这对于建立个人价值、激发他们的热情是至关重要的。特别是男孩子在成长和发展阶段，他们需要学会在不同的地方、不同的时间，为自己取得的进步感到欣慰，而不是不停地和他们的同伴进行比较。通过改变竞争的对象，男孩子们能集中精力关注他们想去的地方以及想做的事情，而不是一直环顾周围看自己是否符合标准。尽管竞争看似是很正常和自然的事情，但是它常常是一场失败的游戏，因为总会有人比我们更快、更聪明、更有魅力、更成功。因此需要重新构建我们的思维方式，关注本质和内在的动力，问孩子："你比上个星期提高了多少？"而不是问："这次考试你比约翰考得好吗？"

现在你可能正读到这里，心想："难道将来考大学、找工作、挣钱，不都是一个更大的竞争吗？"或者"不管怎么说，如果你不比周围的同学更优秀，就不能进入好的学校，将来找不到好的工作、好的妻子，不能有好的生活，难道不是这样吗？"这种推论永无止境。但是通过关注自我的提升，孩子们能开创一个属于自己的空间，他们不必和周围人做比较，也不用把精力浪费在考虑自己是否合格上面，这样他们才有可能会更成功，更快乐，有更好的自我评价，因为他们不需要通过别人的成功或者失败（这两种情况都是他们所不能控制的）来评价或者判断自己的成功。

几年前，我开始帮助一个名叫多梅尼克（属于"创意天才"）的高中三年级学生学习关于"任务和时间管理"方面的技巧。他的兴趣很广泛：篮球、游泳、和朋友外出，但他最热衷的是电影制作。周末的时候，他和朋友们一起导演电影，通常有八到十个同学加入到他的高级管弦乐队中来。对于班级举办的活动，他常常能创作出远远超乎大伙想象的又精致又有创意的电影，确实让人非常佩服。有几次，老师们要求保留他的作品，并作为杰作在以后上课的时候展示。多梅尼克没有只关注超过他的同学或者成绩得 A，个人的内在激情促进了他学业上的成功。他创建了一个属于自己的空间，不需要别人来定义他的成功。最终，通过这些努力，他成了一名兴趣广泛、在校内外的活动和电影制片方面都有造诣的高才生。

写下中间步骤和时间表

我在办公室中使用的“目标工作表”中，每个目标下面都有一些空白的地方，让学生来思考达到目标所需要的步骤（第 82 页有“目标工作表”的样本）。**通过写下每个小的步骤，可以促使学生进一步思考，这样目标就不至于带来太大的压力，也更容易实现。不要把目标仅仅看作是未来的一张宏伟蓝图。**

最近，我正在帮助一名高中二年级的孩子，他名叫卢克，个人目标是在夏天登上惠特尼山脉。他是个很活跃的学生，个性鲜明。我们都知道这个特殊的目标具有相当大的挑战。因为要徒步行走大约 35 公里的路途，登上海拔 1860 米的高度，并且他需要得到森林服务协会的许可才能去登山。卢克已经报名参加了一个冒险小组，这个小组主要是通过组织青少年登山探险来找到克服人生障碍的方法。不用多说，卢克知道他登山之前必须要让自己进入良好的状态。但是我注意到有好几个星期没有收到他的任何进展报告了。于是，我们坐下来开始讨论这件事。

我问他:“你认为要去登山，应该怎么做才能进入状态？”他开始思考这个问题，我也给他一些时间来让他整理自己的思路，想出具体的步骤。

“我应该去Y，然后开始训练。”他说。

“非常好。”我回答道，“那你什么时候能去？”

他又想了想。“我周四放学后就去，周一有吉他课，周二和周三放学后有象棋队的训练。”

“太不可思议了，你认为一周一天够吗？”

“我周六早上可以去。”

这是一个很好的计划，并且与他的个人计划和学校日程都没有任何冲突，所以我们就像记其他作业那样，在他的计划表里把它写了下来。几个星期以后，我们坐在一起重新评估他的目标，他增加了一些重量方面的培训，并且计划在春末的时候负重登山来加大训练量。这样，到了夏天的时候，他就适合去攀登计划中的惠特尼山了。如果他没有进一步地思考这些具体的步骤，即使能完成登山任务，也不可能有自信和力量，因为这种自信和力量来自设立内心的目标并最终实现的过程。

关注条理性和学习习惯的进步

对于学习目标，要关注在条理性和学习习惯方面的进步，而不是只关注学习成绩本身。在接下来的章节中，我将讨论拥有不同学习习惯的学生所找到的有关“任务和时间管理”的有效方法和技巧。我强烈建议学生们关注学习习惯和学习目标的融合（例如：晚上不受任何干扰地学习两个小时或者提前两个晚上完成考试要复习的卷子和“学习闪卡”)，而不是某个具体的成绩目标。其他好的目标还包括：将活页夹整理得井井有条，每天在计划表上记下作业。我一次又一次地看到，当学生关注目标的时候，成绩也会随之提高，并且提高的幅度远远超过他们自己的想象。

就拿斯科特来说，当他第一次来到我办公室的时候，他的GPA成绩是2.6，身上背的书包简直就是一个塞满纸的大黑洞，手里拿着一个缺了封面的活页夹。假如第一次就让他设一个GPA的目标，那他一定会设3.0分。但是，当他开始认真学习，变得很有条理，并且找到了成功的方法之后，他的上进心会促使他继续努力，最终他的GPA成绩达到了3.3分，比预期的还要高。当我们谈论他奇迹般的进步的时候，他通过思考总结道：如果在他来的时候就设立一个具体的学习目标，那他可能就会对自己所取得的一点小的进步感到满足，而不会激励自己寻找办法继续进步。通过关注学习习惯，而不是学习成绩，他达到了以前认为不可能实现的个人目标。

让所列的目标可行并可视化

鼓励你的孩子把所列的目标放在他经常能看到的地方。我有几个学生把所列的目标贴在自己房间的记事板上，这样可以每天暗暗提醒他们想要达到的目标。还有些学生把列的目标放在活页夹的前面或者计划表的首页。如果你要把设立目标作为一项家庭事务，那么我建议你把你们的目标放在大家都看得见的地方，比如冰箱上或者是你们家里人最集中的地方。

定期检查和评估

检查应该以一种积极思考的态度进行，而不是去指责哪些没做到，或者只看哪些做到了。这才是反思应有的方式，每周只用五到十分钟就行，看看哪些做得比较好，哪些还需要再努力。所有这些都是一个过程，这些习惯被适应了一段时间之后，就能成为个人成功模式的组成部分。**特别是对于那些低年级的中学生来说，定期检查是坚持下去的重要保障。**

我建议找一个具体的时间，而不是随机地在参加乐队训练和去奶奶家吃饭的间隔来检查。但是，每个家庭的模式不一样，在日程安排里也不一定总能找到合适的时间。有些家庭可能周日晚上做定期检查比较容易。

学生们设定的目标多数是较短的学期目标或者学年目标。当十几岁的孩子在认真思考什么事情能让自己感兴趣并付出努力去实现的时候，他们的生活、兴趣和激情是可以互相转换的。我们应该鼓励孩子所做的这种思考以及重新定位和评估，因为它们是个人成长过程的一部分。此外，他们可能会短时间内达到了一个目标，然后想再设立一个新的目标，所以对目标进行定期的评估就显得尤为重要。一个二十五岁的成年人设立一个五年计划是合理的，但是对于十二或者十五岁的孩子来说，在发展不同的兴趣爱好和各种可能性的同时，会有许多的变化，所以，我建议多数学生在每个新学期以及暑假开始的时候重新评估他们的目标。

跟踪进度

我在办公室听到最多的一个词就是“有生以来”，比如：“有生以来最难的一次考试！”或者“有生以来我从来没有过的尴尬！”十几岁的孩子喜欢活在当下，他们很难回想起最近发生的事情，也很难记起他们从什么地方开始，已经走了多远。这里有一个好的解决办法：保留以前的目标记录作为证据，让他们看到自己的进步。**当一名学生某一天的状态非常糟糕，或者为自己的退步而沮丧失落的时候，我总是会翻出他以前已经完成的目标记录来鼓励他。这样一定能帮助他重新找回自信。**

在我开始做化学辅导老师的时候，拉尔斯是我的学生之一。他属于“自满的后进生”类型，化学不及格，上课大部分时间都在和他的朋友讲笑话。连老师都已经放弃他了。可是，拉尔斯需要提高他的 GPA 成绩才能参加春季棒球比赛，所以最好先提高他的化学成绩。

我们从十月份开始在一起，拉尔斯进步很快。他开始读书，完成所有的作业，他发现自己能看懂这些学习资料，考试的时候得了 A。但是，因为他太沉浸于现在，而忘记了仅仅六个星期以前他的成绩还不及格。最近看到考试丢掉一分的时候，他就开始生气。

“看一眼这个，”他几个星期后告诉我，“20 道题，我做对了 19 道。”

“太棒了。”我说。

但是他皱着眉头说：“我怎么会做错呢？真蠢！”

我们把考试卷子看了一遍，发现他没有做对的那道题的确是很容易错的，并不是他不努力或者知识没掌握。我知道拉尔斯不太可能再像以前那样在教室后面胡闹，我打开他的活页夹，翻到他最早设立目标的那一页。在学习目标下面，第一项写的是：“化学考试及格”。

“那仅仅是一个半月以前的事，”我提醒他，“看看你在这么短的时间里取得了多大的进步！”

对于这些十几岁的孩子，当事情没有按照他们所预想的发生时，可以通过一个小小的历史记录来转变他们的看法，增强他们的自信。

为什么设立目标是我工作中最喜欢的一部分?

每次看到学生所设立的目标，总能让我从他们身上学到很多。学生写下目标就表示：“我想我能做到，我想做到。”很多男孩子在内心深处还保留着童年时候无所畏惧的心理，实际上他们喜欢去冒险，也愿意督促自己去行动。我无数次看到那些没精打采、闷闷不乐、面带愁容地来到办公室的男孩子拿起笔设立目标、挑战自己的时候，情形发生了变化。**就像是第一次被别人问道：“你想做什么？”更重要的问题是：“你准备如何去实现？”**当他们达到了自己设立的并且曾经被认为是遥不可及的目标时，眼里充满了渴望、兴奋和期盼。培养儿童思考实现目标的能力（开始用深思熟虑的方法去实现他们渴望得到的结果）是他们前进的强大动力。

男孩子完成目标另外的益处是，它带给周围人特别是家人的影响。原先带着儿子来见我的那些家长，经常像他们的儿子一样，为他们达到自己的目标而感到骄傲和自豪。当然，也别忘记当他完成了心中的目标时来自学校的老师、辅导员和顾问（经常被他们的改变惊得目瞪口呆）赞许的目光，这种影响带来的是一种良性循环。

总 结

和你的儿子一起树立具体的目标，有助于他专注于个人的成长和自我的满足，而不仅仅是学习的结果。它是我工作的一部分，同时也是你和孩子在一起最值得做的一件事情。书中第 77 页的作业纸可以帮助孩子设立他的三个个人目标和三个学习目标，在使用的时候，记住以下几点：

◎ 这是他的目标，既不是你的，也不是其他任何人的，如果你让他来选择（在合理的范围内），他会更愿意为实现目标而承担责任。

◎ 设立目标之后，确认要跟踪进度。定期检查目标，并做目标进度的汇报。有的时候可能需要重新评估这些目标。

◎ 对于学习目标，要关注学习习惯和技能，而不是 GPA 成绩。如果设立了正确的目标，并且最终实现了目标，学习成绩自然也就提高了。

学习目标和个人目标作业表

你想完成什么事情？认真思考一下你想实现的目标，你的梦想和渴望是什么？是想组建一支篮球队吗？还是想在学校表现得更好？设立具体的目标并且相信你自己一定能实现！

学习目标

1. ……………………………………

我实现这个目标需要做些什么：

……………………………………

2. ……………………………………

我实现这个目标需要做些什么：

……………………………………

3. ……………………………………

我实现这个目标需要做些什么：

……………………………………

个人目标

1. ……………………………………

我实现这个目标需要做些什么：

……………………………………

2. ……………………………………

我实现这个目标需要做些什么：

……………………………………

3. ……………………………………

我实现这个目标需要做些什么：

……………………………………

Chapter 5

活页夹、计划表和其他重要工具

Binders, Planners, and Other Essential Tools

我们需要面对一个现实：大多数的孩子宁愿拔牙的时候不打麻药，也不愿意和他们的父母一起来整理自己的活页夹和书包（或者情况正好相反）。但是学业成功的关键取决于这些工具，以及如何使用这些工具。不幸的是，我常常看到一些学生，他们的父母出于好意但却为孩子买错了学习用具，或者买得太多。每个学期我总会遇到这样一些孩子：他可能只需要花 17 美元买个函数计算器就足够用，但是却配备了价值 150 美元的高级图形计算器；或者花 10 美元去买全装订的活页夹，浪费很多空间，而不使用 5 美元或者更便宜实用的硬皮活页夹。这些不实用的学习工具增加了使用的复杂程度，让学生们感到疲惫不堪，使他们在一开始就处于一种劣势。

当然不是所有的工具都是有形的。从我最初做学生工作以来，惊奇地发现有些孩子很明显属于那种完全没有条理的学生，却坚持用他们自己发展出来的一套又复杂又让自己非常失望的方法来做事，并且，这样的孩子还为数不少。**虽然他们知道需要一些方法来帮助他们在学习和生活方面步入正轨，但是，因为从来没有学习到一种有效的方法和策略，所以他们一直固守着已有的、他们认为最好的方法，但是这个方法不但让他们失望、难过，而且给他们的生活带来了额外的负担和压力。**

正确培养条理性的工具既不会很昂贵，也不会产生太多压力。

我教给十几岁的男孩子们关于“任务和时间管理”的方法之所以有效，其中一个最重要也最简单的原因，就是让年轻人轻松地认为:“嗨，太简单了……我完全能做到。”

不易被发现的、最重要的工具：文件夹

你儿子需要的、能帮助他建立条理性的工具，就是实用的文件夹，最好每门功课都配一个。有些条理专家对类似手风琴一样的折叠活页夹大加赞赏，但以我的经验，这种活页夹对十几岁的男孩来说可能是最不适合的。他们需要在纸上打洞，还免不了放错地方，其实，这比丢了好不到哪儿去。

迈尔斯是我曾经帮助过的一名学生。他化学不及格，他的辅导老师问我是否能帮助他，因为他只有通过了考试才能毕业。迈尔斯确确实实属于“散漫明星”的类型，他是一个友善又有趣的孩子，家住在圣克鲁斯附近，每天需要单程一个小时的时间上下学。我们第一次见面的时候，他没有背书包，而是拿着一个塑料折叠活页夹，侧面露出毛了边的纸。聊了几分钟之后，我发现听不懂化学对迈尔斯来说只是问题的一部分，他不能按时交作业，忘记把东西放到该放的地方，考试成绩只有 30 分（低于 F）。

“我认为你用活页夹可能会更好些。”我说。

“但是折叠夹就挺好的！”迈尔斯回答道，“我能把所有上课的东西都很紧凑地放进去。”

“你是怎么做到的？”我问，温柔地提醒他，“如果一切都很好的话，为什么我们还会一周见两次面？”

我们用了15分钟的时间翻阅他的折叠活页夹，发现被遗忘了很久的作业（有些即使完成了，也从来就没有交上去）、打印了三份的作业纸（因为他以为前两份都丢了）和课程大纲。我们把每样东西都分成不同的四类——笔记、作业、讲义、测验/考试，并且把那些纸放进三孔活页夹。帮助迈尔斯的第一步是为他找到一种能见效的、有条理的系统，结果，迈尔斯在八个星期之内，就补完了老师布置的作业（这是老师对他宽大处理后给出的最轻惩罚：允许他把最近的作业都交齐，然后复习考试），他的成绩从30分提高到72分，比原来的成绩提高了一倍多，最后他顺利毕业了。

并不是说迈尔斯拒绝改变自己的方法，而是他在上学期间从来没有被告诉过还可以用别的方法来整理东西。经过十周的共同努力，他能很快找到卷子，每样东西都能归位，这让他有了更多的自信，也让他相信自己有责任和义务来处理好这些事情。

活页夹的基本要素

在这里我列举了一些如何整理你儿子的活页夹的具体内容。尽管我强烈建议学生们每个科目都使用带有五个标签分隔页的三孔活页夹，但是我发现他们有时候还是没有使用。不同科目使用单独的活页夹能大大避免混乱：如果一个科目的卷子挨着另外一个科目的卷子，必然会导致最后到处乱翻。每个家长都能想起那个让人头疼的晚上：为了找到一些重要的英语卷子，花半个小时的时间在书包里乱翻，最后发现放到了数学卷子里面，结果桌子柜子被翻得乱七八糟，可能还伴随着眼泪、怒气甚至激烈的言语。

一个简单的硬壳活页夹在很多文具店大概花费3到5美元就能

买到（折扣大卖场可能会更便宜），不用买很昂贵的。对多数课程来说，1 英寸的活页夹就够用了，有些不用写很多作业的科目（例如艺术或者合唱），可以用再小一些的。对那些需要较多的纸和讲义的科目，我建议用 1.5 英寸的活页夹。记住（在后面的章节中我将会讨论到）：你的孩子不需要把一年用的纸都放进书包。每个学期结束后，他可以在家里建一个文件系统，把每样东西存档。因此，在大多数情况下，每门科目用 1 英寸的活页夹就足够了。

如果你儿子的老师已经设立了一套整理和分类的方法来要求学生，那么，你可以花时间来帮助孩子按照老师的要求建立整理和分类的系统。如果老师没有设立一套整理东西的方法，那么这里为你提供一些被我的学生认为特别见效的方法：每样东西都需要打洞；活页夹的最前面或别的地方不放任何纸张；把课程提纲或者课程明细表放在第一个分隔页的最前面。用五个带标签的分隔页把这些纸隔开，并按照下面的方式分类：笔记、作业、讲义、测验 / 考试、空白纸。

笔 记

不管是上什么课，在理想情况下，每天每个学生都应该从这里面取一张纸出来，在上面写下日期，然后记下课程笔记。如果上面还有写字的地方（比如老师那天只有半页纸的笔记），他可以在第二天的课堂上继续使用这张纸，只需要在下面写上新的日期就行。在笔记上写下日期，有助于快速识别出哪些是他想要找的信息，比如：九月份记的笔记里面，记录的都是关于期中或者期末考试的重要信息，与最近一次十一月份的测验关系不大。

贴士

如果可能的话，我强烈反对使用螺旋环装订的笔记本。你的孩子难免会忘记、弄丢或者扔掉这种笔记本，这样的话，他的笔记也就不起作用了。如果用活页纸，即便有一天忘记带活页夹，也能很容易地把它夹进去。而且，携带螺旋环装订的笔记本还额外增加了一定的重量（如果他说可以把五门功课都记在一个这样的笔记本里，那我要说这种合并方式是最糟糕的！）。

作业

活页夹里的“作业栏”能让家长和学生保持头脑的清醒。如果作业是一张卷子或者类似的东西，学生应该把它放在前面。这样他下午或者晚上写作业的时候就会知道作业放在哪里，避免了丢作业的情况。否则，你还得打电话给其他家长（或者你的儿子给同学发短信）询问卷子是否放错了地方。一旦完成了作业，就把它放回“作业栏”，并且只有在放回去之后，才能在计划表上核对打钩（我稍后会谈到关于计划表的事情）。**如果没有放回活页夹，就是没有做完，就不能在计划表上核对打钩。**这种做法简单易行，并且避免了那种“我写完作业，但是放到了打印机上”的情形。

讲义

活页夹有一栏用来放老师发的讲义。这里放什么取决于每个科目。比如英语课，可以放小故事；科学课，可以放实验报告或者其他练习题。实际上，许多东西都可以放在“笔记栏”或者“讲义栏”里面，这取决于学生觉得怎么做最方便有效。每次我和学生一起整理这些纸的时候，我总是让学生来决定放在哪里，因为不管怎么说，这是他的事情，要让他感到负有更多的责任。事实上，自己做决定会让他感到富有掌控力。只要他能坚持把东西归类，那他就一定知道东西在哪里，并且能找到所有东西。

考试 / 测验

我鼓励学生们保留所有测验和考试的卷子（特别是那些成绩不够理想的）。有些时候，一个学生的测验成绩会比预期要差一些，他会很受挫（认为考试既愚蠢又不公平），然后把考卷塞到书包最底层，直到几个月后才又发现这些没有任何用处的碎纸片。再次强调：所有这些观点的关键在于你如何表达。**给他们解释这样的道理：测验通常是为考试打基础，考试通常是为期末大考打基础。抓住这几点，你的儿子就能真正地节省时间，从而让生活变得轻松（实现了“双赢”）**。以我的经验，用这种方式，学生通常都能被说服。

有一种情况值得注意。比如格斯的一个例子：格斯看上去属于“自满的后进生”类型，在他刚上高中的时候，会把一些测验卷子随意藏起来，因为他不想让妈妈发现他的物理成绩很差（如果他告诉了妈妈，那么她的压力会很大，他不想面对来自妈妈的压力）。他确信自己会在下次考试的时候好好复习，这样他就不至于因为几次不理想的考试成绩而一蹶不振。所以，如果你真想让你的孩子从错误中学习，有时候需要接受不太理想的考试成绩。

纸

活页夹的填充纸的确是一项很好的发明，可以解决活页纸上的洞被撕开的问题。在每个活页夹的背面放上 20 到 30 张活页纸，就足够用几个星期，并且不会增加孩子书包的负担。我屡屡发现有些学生在每个活页夹里都放上两百张活页纸，自己却还不明白书包为什么会这么重。

做一个条理清楚的活页夹

来到我这里的学生们都希望自己变得更有条理，为了帮助他们有个崭新的开始，我们会把每一页纸、每个错误的标记以及铅笔盒都整理一遍。我们通常会做得又快又好，毕竟我做了这么多年，也接触过太多这样的男孩子了。学生们知道我的办公室是一个能让他们变得有条理的地方，这是一个有明确目标和方向的地方。

所以，我首先会在办公室针对所发生的事情采取一些对策，和你在家里所做的可能不完全一样。由于我不能在这里公开你的家庭亲子模式，所以需要用更多的文字来描述这些有用的建议，对不同意我做法的人来说，可能听起来有些唠叨。但是，即便我所说的是逐字逐句抄袭你在家里所说的，这也是一种真实的情况。因为这就是父母和儿子之间很自然很常见的亲子模式。

此外，我个人并不了解你的孩子，所以你在读到这里的时候，可能会对自己说："她真的认为我的儿子愿意在周日下午让我陪着，坐在餐桌前整理他的作业纸吗？再说了，我为什么要这么做呢？”

对这个问题，我唯一的答案是“经验”。我一次又一次地看到它的成功，开始的时候，家长们也都无法想象。我坦白地承认并非在所有的情况下这种方法都见效，但是比多数家长所想象的要有效。

所以，开始这个过程的关键在于要有恰当的方法，并且要记住几件简单的事情。

安排时间

没有人喜欢盲目做事，十几岁的孩子也一样。所以，你们俩需要提前安排并确认一个时间，要有这样的心态：帮助他缩短找卷子、完成作业、承受压力的时间，最终让他可以有更多的时间去做他想做的事情。首先询问你的儿子什么时间合适，让他感觉到自己在其中有一定的自主权。从他的回答中，找出对你们俩都合适的时间来，比如周六下午三点。一旦开始做了，就会比你想象的要省很多时间。通常我和一个完全没有条理的孩子一起在学期中的时候，用两个小时的时间就能把七个活页夹和上千页纸整理好并放到小的活页夹里。如果你在一个学期刚开始的时候就整理，花的时间就会少一些；如果临近期末才开始整理，那么时间就可能会长一些。当然，越早越好，但是永远也不嫌晚。

首先自己要有条理或者和孩子一起变得有条理

有条理地做事永远都没有坏处，我们自己也应该为孩子树立一个好榜样。你可以在周末的时候整理自己的文件，或者让你的儿子帮你整理橱柜（孩子就像我们一样，帮助别人整理东西比让他们整理自己的东西更兴奋）。**但是，如果你们不适合在一起做事情，那么也可以各做各的。**各自坐在餐桌的一边，他在收拾自己书包的时候，你可以做一些很久以前就一直想做却没有做的事情。比如：整理票据纸张，或者找一个活页夹把这些东西都归类。

做这些事情的同时，你可以问问儿子在他的房间或者其他地方有没有需要整理的。另外，通过这样的询问，你也给他提供了一个机会，让他愿意为变得更有条理而付出努力。

使用奖赏

我还没有见过想承受更多的压力并且暗自期望花更多的时间写作业，却只想得到很低分数的孩子。重复对他们说“我真的认为你需要变得更有条理些，因为你的成绩实在太差了”不是一个好的表达方式，会让他们很受打击。从天性来说，我们都希望自己感觉良好，并且在某些事情、某些方面能成功。

重申一下：要关注实际的益处，而不是负面的结果。首先，要指出他有哪些好的特质，通过询问他有哪些强项，可以对他有更多的了解。接着告诉他，你想帮助他来发扬优秀的品格。然后，告诉孩子一些关于培养条理性的好处：节约写作业的时间，提高成绩，感觉更能掌控事情，有更多的时间做想做的事情（投篮、和朋友外出、画画等等）。其实，我并不热衷于让孩子写好几个小时的作业，而想要让孩子知道要达到他的目的需要做些什么。他一旦了解这些方法，就能发挥自己的积极性，到达自己以前认为难以企及的顶点。

不论断，不放过每张纸

当你坐下来和孩子一起整理卷子的时候，要避免评价和论断，要明白最终的目标是帮助孩子有一个崭新的开始。不需要唠叨他的卷子不够整齐（如果整齐，你就不需要花费周六这么好的一个下午来整理这些皱皱巴巴的卷子了）。中国古代哲学家老子有句格言："千里之行，始于足下。"要牢记这一点。把每页纸（不管是否皱了）都放到该放的地方或者扔到废品箱，这样做就离有条理更近了一步。如果你的儿子责怪他自己，也要忍受，关注他已经开始的、积极的变化。

如果都不见效，就寻找外部帮助

为你的儿子提供有效合适的工具，并不是说你就必须亲自坐在那里整理所有的卷子并做一个整洁的活页夹，如果你也非常讨厌做这样的事情，那就更没有必要了。在实际生活中，有些父母和儿子都不喜欢整理卷子，那么，可以让大学生或者有条理的表哥表姐来提供帮助。我以前有一个名叫玛丽的学生，在弟弟开始上高中一年级的时候，帮助他整理分割页和所有的活页夹，对她来说，帮助弟弟变得有条理是件很简单的事情。她对弟弟的帮助要比妈妈的更有效。作为家长，你应该知道孩子更听谁的话，然后请求得到那个人的帮助和支持，把条理性这个难题解决掉。

当你坐下来和孩子一起整理卷子的时候，要避免评价和论断，要明白最终的目标是帮助孩子有一个崭新的开始。

常见问题解答：活页夹

1. 我的儿子拒绝在课堂上记笔记，还说老师讲的都没有什么可记的，但是老师说我的儿子在课堂上不听讲。

我在班里这样向学生描述关于记笔记的事情：多数老师在讲课的时候，会把所有关于下次测验和考试的复习资料都给你。说白了，是把考试的答案都给你！都在这里了，照着写下来就行了，这是我想让你知道的！再强调一次：所有的事情都在于如何表达。如果你告诉他，记笔记最终能让他的生活轻松简单，帮助他得到他想要的，那么他就会变得更有积极性。

用这个办法能让你的儿子轻而易举地记笔记，不再为此而纠结。有些学生告诉我，他们真的不知道该写什么，我建议他们开始的时候记下老师在黑板上写的东西，然后在旁边加上其他一些有趣的东西。多练习才会记好笔记。每个人都需要有个起点。另外，给大家一个忠告：如果你的孩子被诊断为学习差距（参见第10章），也就是说边听讲边记笔记会降低他获取知识的效率，那么需要提前做些功课，有可能的话，向老师要来下节课的讲义。这样他就能把更多的时间花在听讲上，只需要在听的时候简单地记一两点就行。

如果对于一个学生来说，记笔记的确是个挑战的话，我还建议他与朋友相互比较一下笔记，这样两个学生就可以知道哪些笔记落下了，哪些笔记是有用的。再者，他可以直接找到笔记的源头——老师，多数老师愿意看看学生的笔记，老师或许还能帮助他填补笔记的空缺或者告诉他笔记上哪些重要知识点被忽略了。

2. 能不能把所有当天要交的作业，不管是什么科目，都放到一个活页夹里保存?

有时候，家长或者老师会建议使用这种方法。通常来说，最好把每一科的作业都放在各个活页夹的作业栏里。否则，如果放作业的活页夹丢了，那么所有功课的作业就都丢了，这样的话，周一的早晨一定不好过。

3. 我儿子的老师有她自己整理活页夹的方法，她会检查活页夹，然后在上面打分。

以我的经验，80% 的老师会让学生自己建一套整理系统，但是还有 20% 的老师会有自己的整理系统。如果属于这种情况，就用老师的方法。整理活页夹的方法有多精确并不重要，只要你和儿子能保持基本的整洁就行（比如：尽量不混放在一起等等）。

4. 我的儿子坚持说合唱课不需要活页夹，你觉得呢?

总有男孩子告诉我，合唱课、艺术课或者健康课不需要活页夹，因为他们课上没有什么可记的。但是，当我们翻看他们的活页夹和书包的时候，常常会发现《枫叶曲》的乐谱、文艺复兴时期的艺术讲义或者被放在别的活页夹里的健康课学习材料。所以，合唱课需要活页夹，如果真的不需要很多纸的话，0.5 英寸就够了，课程提纲和音乐课乐谱需要找单独的地方存放，而不能放在数学课活页夹的后面。

5. 我的儿子有七门课，需要有这么多的活页夹，他怎么应付这所有的东西?

我帮助过很多有七门课的学生，许多学校有固定的课程安排，学生每天也只有很少的几节课。如果你的儿子属于这种情况，那么就只需要把与当天课程相关的三四个活页夹放到书包里就可以了。如果他每天要上所有的科目，那么我建议用储藏柜来存放不需要的活页夹。有些孩子非常不愿意用他们的储藏柜，但是培养一个小的习惯就能让他们书包的重量减轻很多。

6. 我的儿子上初中，没有储藏柜。每周会有一天上所有的课程。他总不能背着所有的活页夹。我们该怎么办？

我完全同情这种情况，我知道多数初中生都是这样。这里有几个选择：（1）如果他的书包不够大，给他买个大一些的书包或者带轮子的背包；（2）如果你真想把一些科目放在一个活页夹里，注意先放那些选修课或者不需要太多纸的科目：例如艺术、健康或者合唱、食物课。对于其他课程，放两套四张分割页（笔记、作业、讲义、测验 / 考试）的活页夹，每门科目一套，后面再附上一些纸。

学期结束后整理活页夹

在一个季节、学期或者一个学年结束后，抽出一两个小时来重新整理活页夹。找一个文件箱，让你的儿子在每门课程上做标签（例如“生物：第一学期”），清理他的活页夹，把他认为需要保留的资料归档。**到了学期末的时候，确认所有的测验和期中考试卷子（如果老师发下来的话）都留着**。在学年结束时，他应该确保测验、考试或者英语卷子都保留着，这样他就知道每样东西放在哪里，很容易就能找到。但是不必把它们都放到书包里，让他在新学期有个新的开始。

找个地方存放这些文件夹，可以是个便携文件箱、带轱辘的文件推车，或者在你的文件柜里找个地方放这些东西。

其他要点：计划表

目前，许多学校给孩子提供的日常计划表大都没有被充分利用，而是被塞到书包的最底下。学校的计划表通常是有用的，因为上面列出了学校的不同日程安排或者活动的结束时间，但有时上面没有留下足够的空间来记作业，所以你的孩子不得不想办法找空白的地方来记。

我最喜欢那种能把每天的日程都写在上面并且为每节课都留有独立间隔的计划表。这样，如果学生在周二的第一、三、五节有课的话，就能在计划表上列下这三节课，在每节课的名称后面留下一块独立的空间，来记下要写的作业。如果你或者你认识的其他人是学校采购计划表委员会的成员（如果学校有这种机构的话），那么推荐你们使用这样设计的学校计划表，每门课程都有自己的地方来记作业，如果学生发现某个地方还空着的话，就知道他还没有记下那门课的作业。

如果你孩子的学校没有提供计划表或者提供的计划表设计得很糟糕，不能满足你儿子的需求，那么文具店通常会有很多很好的计划表供你选择。每天在计划表上粘上一整张纸，这样可以有足够的空间来记东西。注意：我让学生在每周的开始就在计划表上列下他们每天要上的不同课程。比如，你的儿子可能周一有英语、数学、科学，周二有手工课、乐队、法语，这样他们就能更清楚地了解下周将要做的事情以及每天要上的课程。

另外，鼓励你的儿子自己来维护这张关于个人安排的计划表。**如果他周二和周四下午 4：00 有足球训练、周一下午 5：00 有钢琴课，那么这些有规律的活动都应该放进他的计划表。**不管他是上六年级还是刚上中学，让他尽早了解并思考他自己的活动训练安排都大有好处，尤其是当他将来上大学而你不在他身边的时候。

贴士

牢记这些建议，让计划表充分发挥作用。请让你的孩子自己来选择他所希望的计划表（如果你是去办公用品店买计划表的话）而不是简单地把表给他，否则，这张计划表就不能真正成为他的计划表。

常见问题解答：计划表

我儿子所在学校的所有作业都是在网上布置的，那他还需要一个计划表吗？

当然需要！不管作业是不是在网上布置的，学生都应该找个地方记下所有的作业，这样他们就可以：①不依赖于网络（如果网络断了，对于依赖网络的孩子来说就是灾难！）；②在所有活动里面自己安排写作业的计划（参见本章稍后讲到的“在线作业”部分）。

如果你的儿子拒绝用计划表，再强调一次，想想如何表达。

如果他把所有的作业都记在一个地方，就不用花时间每天晚上给他的朋友打电话问作业以及查阅网上的作业记录（有几次还是错误的或者服务器坏了）或者从每个活页夹里到处找作业了。他可以马上开始学习，这样有利于他更快地完成作业，然后有更多的时间做他想做的事情。

来自高科技的挑战：掌上电脑和在线作业

高科技在很大程度上可以帮助男孩子的学习走向正轨，但是我还是倾向于把它当作前面讨论过的活页夹和计划表的备用方案。特别是两种新科技——掌上电脑和在线作业，它们都是很好的备用方案，不幸的是，这两样东西常常起到妨碍的作用并且弊大于利。

掌上电脑

我常常发现有学生坚持用掌上电脑来记录作业。这种学生通常属于“技术专家”类型，他们认为人类的每一项努力都可以通过在线的方式来实现。这些孩子强调：使用这些最新的小玩意能让他们与时俱进并且占用很小的空间。尽管我个人也使用掌上电脑来记录我的会面和其他活动，但是我还从来没有见到一名初中生或者高中生能在类似 iPhone 和黑莓那样的掌上电脑上有效地记录作业和其他活动，一个主要的原因就是干扰。有些掌上电脑有接入电话、相互联系、访问网站、音乐、短信、游戏、相机等等功能。你不能只听儿子说他在检查作业，而实际上花了足足30分钟的时间在琢磨怎么照一张精彩的照片发给他的朋友。

另外，如果是一项要用很长时间才能完成的作业，那么用掌上电脑来记录就会有问题。对这项很遥远的任务，他们会因为嫌麻烦而忽略，最终往往会选择放弃，**即使你的孩子喜欢用掌上电脑，也还是要求他把作业、长期项目、测验、考试记在计划表上。**

在线作业

许多学校现在都用Edline[①]或者PowerSchool[②]等在线资源来布置作业。如果班里有学生缺课，想知道数学作业在第几页，那么这种方法作为备用方案是很好的。但是，在线作业也有弊端。许多学生觉得上课的时候打开活页夹记作业太麻烦，他们认为可以课后上网去查。但是这个计划常常会落空。因为老师也是普通人，他们有的时候会在课堂上调整作业的内容，但是忘记在网上更新；或者老师会在周日很晚的时候，才想起来把周一要交的作业放到网上（他们认为反正已经在上周课堂上告诉过学生了）；或者学校网络的服务器坏了，这些情况一定会让你不知所措。

有一位老师，在我办公室附近的一所高中教了三十多年的历史，他是个名人，每个人都认识他，他甚至教过现在学生的家长。但是他拒绝使用电脑，不喜欢电子邮件，并且认为学校的在线作

---

① Edline是一种在线教育服务，通过管理家长的参与度、支持教师和让学生参与学习型社区，帮助学校提高学生的成绩。

② PowerSchool是一家专门为学校提供数据管理软件的公司。

业网站很讨厌，浪费他的时间。有时候，他会把作业放在网上，但是有三分之一是错的。还有的时候，他可能会修改考试日期，但是忘记在网上更新了。所以学生们星期二到学校以后，才发现原定星期四的考试提前到了星期二。

我鼓励学生把在线系统作为一个资源，但最终还是要在计划表上写下课堂上老师布置的内容。这个方法对学生几乎没有压力，因为他们把所有的作业都放在一起，可以用计划表来安排他们的整体计划。

总结

每项工作都需要好的工具，学习“任务和时间管理”技巧需要两个重要的工具：活页夹和计划表。尽管你孩子的学校可能对这些工具已经有了一定的要求，但多数学校还是没有。下面是我所提供的建议，告诉大家该如何开始。

开始

◎安排一个时间，整理一下手头所有的资料，你可以亲自帮助孩子，或者找别人来帮他。

活页夹

◎不用很花哨或者很昂贵，关键在于如何安排和整理。

◎五个分类栏：笔记、作业、讲义、测验/考试、纸。

◎不要太小，准备一个用于给讲义、考卷、复习题打孔的三孔打孔器，把活页纸放在第五个分类栏中。

◎ 记住：所有的东西都放进去才算整理完毕。

计划表

◎ 如果你孩子所在的学校不提供定制的计划表，那就要求孩子把课程和社会活动方面的东西都放在一个计划表里面。即使学校有在线布置的作业，他也要把每门作业都记在计划表里。在线资源能为他提供帮助，但还是没有纸质的计划表有保障。

实用用品清单

在去办公用品或者折扣用品店之前，参考下面所列的基本用品清单，然后再看一下实用的可选用品清单。这些用品在你的家里可能已经有了，所以要想有条理，不用花费太多。

基本用品清单

⊙ 活页夹：多数科目用 1 英寸，副科用 0.5 英寸，需要很多纸的科目用 1.5 英寸。

⊙ 一套五张带标签的分割页：每个活页夹一套。

⊙ 每天一页的计划表：如果学校没有提供或者学校发的计划表没有足够空间记作业的话，就有必要准备这张计划表。

⊙ 孔贴：用于活页纸。

⊙ 补充活页纸。

⊙ 三孔打孔器：一个台式的在家里用，一个便携式的和书包或者活页夹放在一起。

⊙ 铅笔袋：帆布面料（塑料的容易压坏或者有响声）。

⊙ 计算器：根据你儿子所在学校的要求而定（科学计算器或

者图形计算器）。

- 订书机，胶带，剪刀：放在家里学习的地方。
- 马克笔，铅笔，钢笔。
- 大橡皮：买两个。
- 文件夹：用于学期结束后存放资料。

可选物品清单

- 图表纸
- 文件箱
- 名言警句手册
- 非电子类的字典和词典

Chapter 6

创建一个有助成功的学习场所

Creating Space for Success:
A Place to Study

第一次见到学生的时候，我总会问他在哪里写作业。他们大都会自豪地回答："在我的房间。"然后我偶尔会再追问他们，在自己的房间里都有哪些分散他们注意力的东西。他们会直截了当地告诉我：电视、电脑还有给大多数男孩子都会带来明显干扰的娱乐设备——视频游戏机。其他一些孩子则坚持认为根本没有让他们分散精力的东西，直到他们意识到我正会意地看着，并提醒他们还有音乐、手机和短信的时候，才承认这些东西的确分散了他们的精力。他们知道我了解其中的秘密：对于大多数学生而言，卧室是做事效率最低的地方之一。

克莱的英语老师希望通过课堂测验来确认学生们是否跟得上阅读的进度。因为克莱平时的英语测验不及格，所以他感到很失落，但是他强调在读托马斯·哈代写的《卡斯特桥市长》的时候，他都能理解，我问他是在什么时候、什么地方读的这本书。

"我喜欢在临睡觉的时候阅读，"他认真地回答道，"我躺在床上看。"

我相信他是从父母那里学来的这种读书方式，他的父母大概属于酷爱读书的人，并且喜欢晚上睡前读书。但是，家长喜欢这样读书也没有什么不好，因为他们第二天不用参加阅读测验。

我向克莱解释说，因为大脑会把床和睡觉、休息联系起来，他躺在床上，实际上就是激发自己的身体和意识：一天过去了，该放松了。晚上躺在床上读书并不能有效地完成学校的作业。

“但是，这样会让我很放松。”他强调。

我表示理解，随后问他：“拿回测验成绩单的时候轻松吗？”

小心卧室

克莱就是一个非常明显的例子。但在卧室做事除了驱使你想睡觉以外，还有很多其他问题，而且这些问题并不只是针对男孩子。多数成年人也认为在卧室里办公不能提高效率。在家里办公的成年人有可能的话通常都会有自己的办公室或者一个可以专心工作的地方。**许多时间管理和压力管理专家强调，一个人想要好好工作的话，特别是从事有压力的工作时，要远离卧室，因为卧室本来应该是休息和放松的地方。**

中国古代有“风水”说，其中一个最重要的理论就是：卧室是休息和恢复体力的地方，始终要和工作保持分离。“气”，或者说生命动力，流动在一个空间里的所有物体之间，房间里摆设的每一样东西都会对“气”的自由流动或者阻塞产生作用。学习的地方是用来做事的，必然会带来压力（没有学生是完全没有压力的），学习、工作和放松是相抵触的。或者就像克莱那样，床变成了减弱积极性、促使人想睡觉的地方。

家居摆设风水大师黛博拉·基经常为家长提供咨询，比如：如何布置卧室和学习空间才能让孩子最大限度地在智力和精神上有效地发挥作用。她表示：如果可能的话，最好为高中生在卧室外提供一个单独的空间来学习，这样卧室才能真正成为好好休息和安心睡觉的地方。即便卧室里有书桌可以让头脑活跃起来，但是随着孩子的长大，卧室还是应该作为放松和休息的地方。黛博拉·基还建议：在卧室的学习区域里放置一些有益健康的绿色植物能促进大脑清楚地思考问题，她鼓励家长在屋子里面选择一个“知识中心”作为最好的学习场所。从风水的观点来看，理想的学习场所应该是安静的、避免干扰的、灯光适中的（太强的光线会影响注意力的集中）；在屋子的“知识中心”，摆放一些实用的、有关学习或者激发灵感的东西，比如书籍、参考资料、学习用具。

但是，当我告诉家长帮助孩子的一个重要切入点就是为他找一个学习场所（除了卧室之外的任何地方）的时候，经常会遭到他们的反对。很多情况下，有些家庭觉得让孩子在自己的房间里完成作业是最有效率的，这种家庭常见的一个情景就是：电视机在别处开着，父母或者爷爷奶奶在厨房做饭，弟弟妹妹们在屋子里跑来跑去。家长们告诉我，儿子的房间里已经放置了书桌，而且他的卧室是屋子里唯一远离干扰的地方。

这时候，我会提醒他们：当儿子还很小的时候，如果一个人安静地待了很长时间的话，家长会怎么想？对了！一定出什么事情了，也许是正在干坏事，也许是正在专心做什么事情。对于大多数因为“任务和时间管理”而纠结的十几岁男孩子来说，让他们安安静静地待在自己的房间里写作业，其实常常意味着他们可以做写作业以外的其他任何事情。通常对于十几岁的孩子来说，尽管他们原本计划好了要写作业，但常常会有整整 15 分钟（甚至更长）的时间走神，他们会盯着墙面做白日梦。我曾经接待过一个年轻人，他承认自己是个折纸专家，能把纸折成各种动物，并且把折好的动物都放在书桌的抽屉里面，这样无论他的父母什么时候走进他的房间，他都能很快地关上抽屉，做出一副勤奋读书的样子。

即使有书桌（通常上面摆放着他们日常生活中各种各样的零碎东西）来帮助男孩子们专注于作业，但是，他们发现坐在床上，自然而然地就想要睡觉（参见第 9 章）。如果躺在床上做学校要求的那些缺少创意的阅读作业，大脑自然就会分不清是在做白日梦还是真正在做梦。

但是大家都知道，十几岁的男孩子，除了舒服的床对他们是个干扰外，还有更多的事物干扰他们。当达米安第一次来到我办公室的时候，他的妈妈跟在他后面，我不确定是在教训他还是在哭。他们刚刚和历史老师见过面，达米安得了不及格，因为他上周忘记交一份调查报告。我从他在家里的生活开始谈起，特别问道：他是如何完成作业的？在哪里写作业？他的妈妈插嘴解释说，达米安的哥哥姐姐都出去读大学了，所有的屋子都属于他，但他还是愿意在自己的房间里写作业。

“在你的房间里有什么分散你注意力的东西吗？”我问达米安。

“没有。”他认真地回答道。

我追问他：“没有电视机、游戏机、电脑或者手机？”

“嗯……”他开始支支吾吾，不用再问了。他很清楚地知道自己很难控制不给朋友频繁发短信，也抵制不了手机屏幕变亮对他的诱惑。尽管他的房间里没有电视机，我和他都清楚地知道，在他的电脑上一样可以收看到电视节目。他不用向我解释这一切，因为我早就知道他做的这些事情。

“其实，”我告诉达米安，“我在工作的时候，需要关掉手机，否则我所听到的全都是手机的滴滴声。”

他会意地笑起来，我们俩都知道一个事实：他的房间，他的避风港，在他完成作业的时候事实上变成了他的大敌。

可能你的儿子和达米安的情况很像，在开始的时候，最重要的一步就是在家里为他找一个独立的、不受干扰的空间来做作业。在达米安的例子中，他们家把餐厅作为他固定学习的地方，每天晚上他在餐厅集中精力地、不受干扰地完成他的作业。写完作业后，可以在自己的房间里放松，做他喜欢做的事情，他现在能快速高效地完成作业，所以也就有了更多的时间摆弄他的模型车、玩滑板。他不仅作业有了奇迹般的进步，而且和父母的关系也有了非常大的改善！

有效的学习空间

父母能帮助孩子做的一件最重要的事情，就是在家里为他们创造一个和谐安静的学习环境。记住，不受干扰地写作业并不是说钻在一个地方独自写作业。不同的孩子有不同的需求。有些孩子写作业的时候喜欢独自一人，方圆百步之内没有人干扰，要绝对的安静，而另外一些孩子写作业的时候则愿意有人坐在边上或者在隔壁房间待着。你最了解自己的孩子，可以根据孩子的需要来布置房间。

接下来的部分，我会为大家提供一些建议。希望能帮助你思考哪些适用于你的家庭。

餐厅

餐厅是我选择固定学习空间的首选。如果你的房子和大多数房子一样，那么你家里的餐厅是最没有被充分利用的地方之一，一张又大又空的桌子是理想的工作场所。这里通常没有干扰，而且餐桌也提供了足够的空间，让孩子可以摊开他的书本而不觉得拥挤和狭小。一般来说，男孩子不会把餐厅和休息、放松或者其他一些事情联系起来（如果你家里的餐厅每天晚上都在用，那这一点可能不适用于你的家庭，但这种情况并不普遍），因此在这里通常能不受干扰地完成作业。

当然，这是假设家里有餐厅并且没有被成堆的东西所占用的情况。但是，只要餐厅的东西不碍事，不影响你为孩子布置的空间，也就不用再整理你的餐厅了。关键是让餐厅免去干扰，创造一个安静的空间，让孩子在写作业时没有音乐、手机的干扰。**我会要求孩子们把手机设置成静音状态，放在别的房间，这样餐厅就变成了一个无干扰区域。**当孩子们问我为什么要这样做的时候，我向他们解释说，可以写完作业之后查看手机上的短信或回电话。

很多家长问我关于在餐厅使用电脑的问题，因为多数男孩子都强调他们需要用电脑才能完成作业。我告诉学生，先写不需要电脑就能完成的作业，然后再做需要电脑才能完成的作业（比如英语作文）。你甚至可以在孩子写作业的时候断开网络（参见第 7 章），这样可以帮助他避免电子邮件、即时信息、Facebook、YouTube 网站以及其他信息（体育赛事、音乐或者大学网页）的

学生们在餐厅里学习了一周之后，常常会告诉我：相对于在自己的卧室，在餐厅写作业效率要提高很多。效率提高了，他们也就有更多的空闲时间，也能早点上床睡觉。

干扰。

学生们在餐厅里学习了一周之后，常常会告诉我：相对于在自己的卧室，在餐厅写作业效率要提高很多。效率提高了，他们也就有更多的空闲时间，也能早点上床睡觉。

要知道，就像其他生活方式的改变一样，这样做也会无意中产生一些副作用。几年前，一位家长给我打电话，告诉我他上高二的孩子喜欢在餐厅学习，再不愿意回到自己的房间写作业了，现在他的作业纸和书本在餐厅里到处乱放。这位妈妈很高兴看到儿子的学习效率提高了，但同时她也为餐厅里到处乱扔的作业纸、课本、学习用品而苦恼。

我问她家里有没有空的架子，能否在餐厅或者附近找一个空的地方，让儿子来放置他的学习用品。她勉强同意并设立了一个规则：写完作业以后把餐厅整理干净，把每样东西都放回到架子上。这个承诺很公平也很有效，他可以使用最喜欢的学习空间，妈妈在其他时间也能拥有一个干净整洁的餐厅。

家庭活动室 / 厨房

如果家里没有餐厅或者餐桌被当成了家里没有保护层的传家宝，再或者由于房间结构的原因，家人需要在餐厅里走来走去，那么把餐厅作为一个安静的、没有干扰的学习场所就不够理想了。在这种情况下，家庭活动室或者厨房是个相对不错的选择。

曾经有一个六年级的孩子到我这里来，他在家里最小，有一个哥哥在上大学，另外一个在上高三。他非常享受妈妈做晚饭的时候他在厨房桌子上写作业的过程。厨房相对于卧室和餐厅成了他做事最有效率的一个地方，在卧室和餐厅里写作业让他感觉到孤单、焦虑、没有人陪伴。有些孩子包括十几岁的青少年喜欢写作业的时候有人陪着，这样并不会干扰他们，反而让他们感到安慰。他的妈妈允许他在厨房写作业，不发表意见;他写作业的时候，也不感觉孤独。

如果厨房或者客厅太嘈杂（比如电视机开着），或者你的孩子发现自己每过五分钟就想吃些零食或者喝点东西，那么厨房或者家庭活动室就不是个理想的选择。例如，上高中一年级的科尔有三个弟弟妹妹，他愿意在厨房写作业，因为他喜欢成为大家关注的焦点，愿意被弟弟妹妹们围着，他最小的妹妹刚刚学会走路，他的父母并未及时意识到厨房是家里的核心区域，对科尔的学习会造成相当大的干扰和影响。

后来他换到餐厅写作业，关上门，找一个安静的、能让他专注和集中精力的地方学习，他上八年级的妹妹阿曼达也很快开始在餐桌的另外一边安心地学习了。我知道不可能让所有的兄弟姐妹都坐在一起有效地学习，但是，对于科尔和阿曼达，他们很容易就知道在餐桌（各占一侧）这样一个公共的安静环境中学习更有效。

书房

有些家庭把书房作为一个独立的空间来让孩子写作业。但是，我不完全同意把书房作为学习空间，因为我们大家都知道，书房除了桌子和订书机外，还有很多其他东西。大部分家庭会配备可以上网的电脑、电话和从前放在客厅的旧电视以及那些满满当当的五年来还没有来得及好好归类整理的账目资料。换句话说，只有你最清楚书房是不是家里最适合学习的地方。一般来说，关上书房的门，有助于集中精力，但这是好事还是坏事也很难说。因为对多数十几岁的孩子来说，很难抵制来自即时信息和Facebook社交网络的诱惑，为他们提供一个封闭的空间，而不去履行职责将会适得其反。

公共图书馆

在我上高中三年级的时候，惊奇地体验到在公共图书馆能完成很多事情。于是，我就开始在期末复习的时候去本地的一家图书馆分馆学习，我发现在那里安安静静地待几个小时，就能完成在房间里需要整整一天才能完成的作业。确实，上高中的时候学会使用公共图书馆，对即将上大学的学生来说，也是一种非常好的学前培训。因为在上大学一年级的时候，我很快就发现，宿舍里的干扰比网络或者手机所带来的更多。使用图书馆的一个好处就是：学生们完成了作业之后，可以回家彻底地放松。

当我第一次建议学生去图书馆学习的时候，他们通常会显得有些迟疑。有些学生还会问我当地的图书馆在哪里。我们镇里的图书馆恰好挨着几个足球场，初中和高中的足球俱乐部晚上经常在那里训练。渐渐地，越来越多的学校图书馆就在放学和下午体育训练的时间段内向孩子们开放，所以选择在那个时间段使用学校图书馆就变得比较可行了。

比尔是一名高二的学生，我在几年前辅导过他，他有一段时间很难摆脱来自电脑的干扰。他每周有两个晚上（6:00—8:00）去图书馆旁边的场地训练足球，所以我建议他，在训练的那几个晚上，一放学就去图书馆，一直学习到5:30，这样在开始训练足球以前就完成了大部分的作业。这样做的话，他就可以训练完回家（可能会疲倦、出汗、劳累），冲个淋浴，放松一下。大部分情况下，这个计划执行得很好，偶尔会有几个晚上在图书馆没有做完所有的作业，但总体而言要比以前等到很晚才写作业效率高很多。

每天都去图书馆可能对一些学生来说不太可行，他们也许家住得比较远，也不开车，或者还有其他的课外活动，如果去图书馆的话，那么他们本来就被排满的日程又会增加一项内容。值得注意的是，当我挑战性地建议学生：让他们试着每周去三次图书馆（一次在周末，两次在平时），结果发现每个孩子都在完成作业方面产生了很好的效果，同时也变得更有条理了。其中的关键原因就是他们可以在一个安静的区域里学习。另外，他们可以独自或者和一两个伙伴一起去图书馆学习，但是不能再多。有些学生如果和几个朋友在一起，学习效率很高，每个人各做各的事情，并且他们也很享受在一起学习的过程。当然也有些朋友不适合带着一起去图书馆，因为这样会更浪费时间。关键是要了解谁适合一起学习，谁不适合。

贴士

为了鼓励你的孩子养成去图书馆的习惯，可以把它当作一项周末的家庭传统项目。我看到这种方式对于上初中和高中的男生来说非常见效。周六或者周日的下午，你们俩可以去图书馆待几个小时，他写作业，你付账单、回邮件或者就只是在那里读一本书。此外，开车去图书馆来回的路上，也是聊天的绝好时机，这样，去图书馆就变成了一项既增进彼此感情又很自然的活动。

如果只能选择在卧室学习怎么办?

有些家庭可能因为家里人口多，餐厅总是有人或者有事，有的家庭既没有餐厅，也没有其他空间可以用来学习，总之，在卧室写作业是唯一的选择。如果是这种情况，那么你可以考虑下面几点，从而帮助你的孩子创建一个写作业的空间：

- ⊙ **一张收拾得干净利索又稳当的书桌能让孩子有一个新的开始。**正如前面提到的，在床上完成作业是最失败的方法。不管是什么书桌，最重要的一个要素就是要有足够的空间，不感觉狭小和拥挤，让学生能完全铺开他的活页夹、书本和计划表。在宜家和塔吉特这两家卖家居用品的地方，可以找到便宜又稳当的书桌组件，但是可能需要自己来组装。
- ⊙ **书桌的位置不要面朝床。**你能想象写作业感到累了的时候，偷偷瞟一眼舒服温暖的床会是什么感受吗？很明显，床对于儿童和十几岁的孩子来说是个干扰。有些家长通过参考风水书，比如斯蒂文·波斯特的《现代风水》，来了解孩子的卧室如何布局才最好，书里面所介绍的方法的确很有帮助。
- ⊙ **避免在卧室放台式电脑。**很多家长认为他们在孩子的房间放置电脑会给孩子带来方便，而事实上，电脑很快就会带来很多问题。首先，台式电脑占据了书桌的空间，在他需要打开活页夹、看书、检查计划表的时候，就会感到拥挤。其次，在卧室放置电脑，对于许多十几岁的孩子来说，他们很难拒绝电脑技术所带来的诱惑。在接下来的章节中，我会讨论如何解决作业的问题，学生们只有在做完所有其他作业的情况下，才能做必须通过电脑完成的那部分作业。

⊙ **在卧室外面指定一个让孩子放手机的地方。**不管你的孩子在哪儿写作业，这个方法都非常重要，如果他在自己房间里写作业的话，这个方法就更是重要。找个盒子，孩子在写作业的时候，可以把手机放进去，就像你每次进房间以后把钥匙放在盒子里那样。如果在其他房间写作业，指定一个地方放手机同样能有助于孩子安心学习。他们写完作业以后，再摆弄自己的手机。

创建一个放置学习用品和其他必需品的家庭空间

家长们经常会问我：孩子在家里的有效学习空间和环境都需要哪些材料？其实，不需要花费太多的钱，多数的材料在家里就可以找到。关键是要把这些材料集中放在一个地方，比如可以找个储物箱或者整理箱，把所有的学习用品都放进去，摆放到学习区域附近。如果你的孩子在餐厅写作业，可以找一个地方来存放这些东西，这样可以方便地拿取（而不用花 15 分钟的时间满屋子到处找）。

- ⊙ 打孔器（三孔）。
- ⊙ 活页纸：尽可能购买硬面活页纸。
- ⊙ 孔贴：用于调整和修正活页纸的打孔位置。
- ⊙ 索引卡片：买整装的。
- ⊙ 名片盒子：用于存放索引卡片。
- ⊙ 一两个备用的夹子或者备用的分类卡。
- ⊙ 杂物：订书机、胶带、剪刀、胶棒、马克笔、分隔页、文件袋。
- ⊙ 字典和词典：相对于电子字典，我更喜欢传统的纸质字典。

把这个文具箱和你自己用的东西分开放置，并且在每个月的第一个星期天晚上，让你的儿子检查一下，看看有什么文具需要补充。

最后的想法

作为父母，你有责任来帮助儿子找到他成功的关键因素，为他创建一个稳定安静的学习环境。**许多十几岁的男孩子在得到一个让他们感觉舒适的空间之后，才发现独立学习空间的重要性。**另外需要注意的是：有的时候，孩子们会需要变化一下学习地点。正如我通常会在家里的书桌前写东西，但有时候也会在我的办公室里写或者坐在客厅的大扶手椅上写，只要一个好的学习方法的总体模式建立起来了，那么有几个常用地点也没有什么关系。所以，你的儿子也许有几天喜欢去公共图书馆学习，其他的时间则选择在餐厅学习。每个孩子都不一样，需要花时间来找到合适的平衡点。

总 结

关于选择特定学习房间的问题，我也参考了其他人的建议，总的来说，有效学习空间的关键是最大限度地让心情平静，提供必需的学习用品，最小限度地受到干扰。对一些孩子来说，一个像餐厅这样的公共区域，稍加改造，就可以满足他们的需要。而对另外一些孩子来说，可能就需要公共图书馆。总体上，我不建议在卧室学习，因为卧室会有许多固有的干扰，但是，如果卧室是唯一的选择，就需要尽力去提供一个固定的、适合孩子的空间，让孩子集中精力学习，抵挡那些诱惑和干扰。

Chapter 7

合理安排作业，实现有效的时间管理

Scheduling Homework to Manage Time Effectively

明确家庭教育中的十项优先重点，
为孩子塑造能成就自我的优秀品格！

扫码免费听《父母最艰巨的工作》
20分钟获得该书精华内容

当学生们来访的时候，我要求他们走进办公室后所做的第一件事，就是上交手机。我把手机放在一边，设置成静音，直到我们的会谈结束再还给他们。还给他们的时候，肯定会有一堆的短信和电话等着回复。毫无疑问，今天的孩子与以往年代的不同，他们受新技术的影响很大，加上电话、网络、即时信息、社交网站等各项功能的集合，更是为他们创建了一个充满干扰又不受任何限制的环境。的确，许多来到我这里的学生都认为：花费好几个小时在学习上，已经够他们痛苦的了，为什么在这里休息一分钟或者聊天五分钟，就会严重影响他们有效地完成作业。

任何一位在办公室工作的家长都会知道，坐在办公桌前太容易产生干扰了。要么网上购物，要么和一个老朋友电话联系，要么给伴侣发个短信商量一下晚饭吃什么。我在做高中生工作之前，在一家大公司做投资银行分析。在办公室，虽然主管通常会在下午 3:00 到 4:00 之后才给我们布置任务，但大家还是会在早上 8:30 就到公司。我们一般会花整个晚上的时间，来做 EXCEL 表格、PPT 演示文件、打印财务文档，那么我们早上的时间干什么呢？我会在网上购物、付账，我的一些同事则是“梦想棒球社团”的活跃分子，我们还会花好几分钟时间来谈论远方的同行朋友。外人可能认为我们在努力工作，但事实恰恰相反。

我看到学生们通过合理安排作业并养成好的学习习惯，来提高学习效率和准确率。这样，他们就能高质量地完成学习任务，同时有更多的时间去做他们喜欢做的事情。作为家长，你在帮助孩子建立并养成这个习惯的过程中，担任着非常重要的角色。**想一想你在家里传递的是什么信息？晚上是不是总是开着电视？**还是说，你坚持每天晚上都安排有几个小时的安静时间，在这段时间里，家里人都在做一些有意义的事情？

当马克第一次走进我办公室的时候，看起来很疲惫。他高高的个子，属于运动型的孩子，他很有上进心，却又有些压力。尽管他的学习很好，但是看起来还是有些担心和焦虑。“我每天晚上学习六七个小时，”他抱怨道，“我凌晨一两点钟之后才能上床睡觉。”

我很随意地问他在哪里写作业，他说在自己房间的书桌前。

“你写作业的时候，电脑开着吗？”我问。

“当然了，我需要用电脑才能完成作业。”

“即时通讯工具呢？也开着吗？”

“是啊，但是没有人真正在线，只是偶尔有人上线。”

“你的手机放在哪里？”

“在我口袋里。”

“那音乐呢？”

“没有音乐我写不了作业，就好像什么事情不对劲似的。”

马克和我制定了一个协议：一周之内，保证不受干扰地在餐桌前完成作业；把手机设置成静音，放到另外的房间；不要再想音乐的事情；把那些需要电脑才能完成的作业放到最后；写作业的时候，关掉电脑的即时信息。

一个星期以后，他来到我办公室，完全转变了态度，他有些难为情地说："你说得对，我作业写得快多了。一开始的两天有点难控制自己，想打开音乐，第二天也想这么做来着。但是，后来我一下子发现已经完成了很多作业，每天晚上 10:30 以前就能上床睡觉了，甚至还有时间练习足球了。"

有效的学习习惯，留出更多的时间

在第 6 章中，我讨论了想要创建一个理想的学习空间，就要远离卧室。除了考虑物理空间以外，设置一段专门用来完成作业和其他学校相关任务的时间，也非常重要。在设置写作业时间的时候，要注意以下几点：

安排作业时间

星期天下午，学生们应该看看下周的课表，并且在计划表上安排自己写作业的时间。男生在看完自己的课表，安排好足球训练、吉他课或者数学辅导之后，应该设置专门用于写作业的时间段。这样可以帮助他们变得更有主动性，同时也能减少焦虑，避免拖延。**作为家长，你也可以设立一个处理家庭日常事务的时间（饭前或者饭后），在这段时间内每个人都专心做自己的事情，不受任何高科技设备的干扰。**你可以在孩子写作业的同时，付账单或者看书读报。

写作业之前设置一段休息时间

很多男生每天在学校的课桌前一坐就是八个小时，他们想站起来或者坐不住的时候，就会被老师提醒，因为那样就会干扰课堂纪律。事实上，相当多的学校对所有放松休息的动作都加以限制（包括伸展身体），有的甚至干脆连最基本的身体活动都不允许。所以，这些男生回到家里，最不愿意做的一件事，就是一动不动地坐在那里写作业。**我鼓励男生从学校回家，写作业之前，先稍作休息，吃些零食，坐下来看看杂志或者做些活动，比如投篮、去后院和狗玩一会儿、还可以玩一会儿沙包球（一种很棒的释放压力的游戏）**。这都有助于他们的身心健康。另外，给这些男生一个忠告：上网或者看电视是个无底洞，一定要把这些事情放在写完作业以后。

贴士

有些男孩一旦休息以后，就很难集中精力到作业上。他们容易受到干扰，或者做完一件事情后很难顺利地过渡到另外一件事情，这种情况的确存在。如果你的儿子属于这种情形，那么就把课后的休息时间压缩到最短，吃些零食，休整几分钟，然后开始学习。

保罗一向是个勤勤恳恳的学生，当他第一次来到我办公室的时候，看上去很气馁，也很受打击。他真的很想做好，每天也会花大半个下午来做作业。他一回到家，就坐下来打开书包开始学

鼓励男生从学校回家，写作业之前，先稍作休息，吃些零食，坐下来看看杂志或者做些活动，这都有助于他们的身心健康。

习，甚至不吃点零食休息一下，而是一边吃一边学习。因为他的计算速度还不到13%，所以写作业通常要花费较长的时间。他也接受这个现实，所以给自己额外多加些时间。但问题是，他坐在那里学习，大脑没有得到充分的休息，所以变得精疲力竭，不能完全进入学习状态。对于保罗，每天放学回家意味着又进入一个无止境的学习循环。

我首先问保罗的一个问题是："你业余时间喜欢做什么？"他用怀疑的眼神看着我，回答道："什么业余时间？"经过多次启发和追问，他说对摄影萌发出点爱好。**他并不积极参加学校的任何活动，其中一个原因是他总在为完成作业和取得好成绩而担心。**因此，我建议他从学校回来后，固定设置一个小时，来做点让自己放松的事情。如果他能在坐下来学习之前，哪怕花半个小时来做些运动，比如：出去跑步、骑车或者到外面摄影，每周三次，那么他就能让自己的头脑保持清醒，从整天坐在课桌前的状态中重新振作精神，然后开始写作业。

六周之内，保罗写作业的方法就有了显著的不同。尽管他还是要比同伴花更长的时间来完成作业（因为他需要听磁带来完成大部分的课文），但他毕竟在做功课之前安排了彻底休息的时间。渐渐的，他开始觉得能掌控自己的功课了，并且开始真正享受课外活动的乐趣而不是在学校独来独往了。当他专注于自己功课的时候，觉得自己能更好地做到聚精会神，同时也能正面地看待自己在写作业上所花费的时间了，因为他可以先休息恢复体力，然后再钻研作业。

安排两个小时的作业时间

对于多数孩子来说，两个小时的作业时间是可以控制的，因为如果从4:30开始写作业，即使中间每隔半个小时休息十分钟，也能在7:00以前做完。到了7:00，他们写完了所有的作业，晚上剩下的时间就可以做他们喜欢做的事情。**多数到我办公室来的学生会抱怨，他们从来没有在半夜以前写完过作业，所以用“尽早写完作业”可以很好地激励他们。**用“7:00以前写完作业，可以自由支配剩下的时间”来作为奖励。

我鼓励高中生在周一到周四期间，每天有两个小时的学习时间段，然后在周五、周六、周日期间安排两个小时的学习时间段。要注意不能把周末的两小时学习时间段都放在周日，因为设置作业时间的目的是要提前做准备，而不是让他临时突击。周日晚上8:00坐下来写四个小时的作业，这是在用最糟糕的方式迎接下周的学习。相反，学生们可以把其中一个两小时的学习放在周六的11:00 ~ 13:00；另外一个两小时的学习放在周日的15:00—17:00。剩下的时间，他们可以和朋友在一起，看电影、玩游戏，想做什么就做什么。

对于那些学业负担很重或者通常会花较长的时间才能完成作业的学生来说，可以安排两个多小时的学习时间。对这种情况，建议你在学习时间段之间安排30到60分钟的休息。理想情况下，让孩子在休息的时候做些身体的运动和放松，或者只是站起来，来回走动走动，这样可以在坐下继续学习的时候更好地集中精力。

常见问题解答：作业时间

1. 我的儿子上初中，两个小时的学习时间适合他吗？

这取决于他所在班级、学校的期望以及他能用多长时间写完作业。通常来说，学校会根据所在的年级分配作业时间，例如七年级的学生每天晚上会留70分钟的作业量。但也会有不同的情况，一个学生上高级数学课和外语课，那很容易就需要近两个小时的写作业时间。两个小时对于多数初中生和高中低年级学生来说是适合的。

2. 如果我的儿子每天没有两个小时的作业怎么办？

两个小时不光是用来写作业，还可以做“学习闪卡”、复习卷子、预习生物课的下一个章节，可以做任何有助于提前准备学校功课的事情。在第8章，我会讨论学习的长期策略和方法，你的儿子可以用这些策略和方法来把两小时的学习时间填满。即便学生们认为他们只用10分钟就能完成作业，但是也要坚持两小时的学习，因为这样可以避免或者大大减少做七个小时作业的机会，他们以后也不至于在凌晨两点的时候还睡眼蒙胧、无精打采地呆坐在电脑旁。

先做作业，后享受高科技

最近，我开始帮助一个名叫亚当的高中一年级学生，他可爱又随和，看起来比他15岁的年龄要小很多。当我们第一次见面的时候，他非常兴奋，因为他有个曾经在我这里学习的朋友，告诉他我已经完全改变了她的生活。所以，不用多说，他非常热情，也很诚实地面对写作业方面的挑战。他告诉我，因为他没有参加课外活动，所以每天大概3:30就回家了，坐在桌子边，直到8:00或者9:00才真正开始写作业。**尽管外表看来他在电脑桌边勤勤恳恳地写作业，但是他也很清楚自己是在做另外一些事情，并且没过多久，真相就暴露了。**

“我回到家里，”他告诉我，“吃点零食，接着回我自己的房间，打开Facebook社交网和即时通讯工具，一直到8:00。然后，吃晚饭，开始写作业，但是那个时候，我已经很疲惫了。”

“你当然会疲惫，”我告诉他，“那么长时间盯着电脑不动，肯定会这样。说真的，你要上四个小时的Facebook社交网？”

“我知道，”他有些难为情地说，“但是我一旦开始，就深陷其中，无法自拔。总有新人加入，因为有很多初中的同学分别上了不同的高中，这是我们保持联系的方式。”

我向亚当解释说，盯着电脑屏幕相当地消耗体力，我们一致同意，如果他放学就回家，应该从4:00到6:00在楼下写作业，到6:30以后，他可以做自己想做的任何事情。对于亚当，重要的是我们没有剥夺他在电脑上花费的时间，我只是简单地调整了一下顺序。

后来几个星期，亚当做了一个调整，先写作业，然后上楼在网上消磨时间。他现在感觉轻松了许多，他可以完成自己的作业，而不用很晚还在为是否能按时写完而担心。但是我们没有就此止步，在亚当感到自己成功地做到了先写作业后玩电脑之后，我就说服他用厨房定时器来记录上Facebook社交网的时间。

“开始的时候，先给自己整整一个小时，”我说，“浏览你想访问的任何网站，给他们留言、发邮件或者留下别的联系方式。把你的时间都集中在电脑上，这样，你原来用四个小时做的事情，现在只用一个小时来做完。”渐渐地，他摆脱了过去的习惯，现在一天仅用大概30分钟的时间就能搞定Facebook社交网、即时通讯工具以及其他社交网站上的事情。

写完作业后让他们合理自由地支配时间

通常我在第一次见到学生的时候会强调：一旦他完成了两个小时的作业，如果时间还早，那么晚上的时间就可以自由支配，他可以放松自己并专注于他喜欢做的事情，而不是感觉自己被死死地绑在桌子前。他可以有时间打电话、发即时信息、弹吉他或者做其他让他感到放松和好玩的事情。重要的是，家长要记住：许多男孩子需要通过电子邮件、Facebook社交网来找到融入一个社交圈的感觉，他们担心写作业的时候可能会耽误或者错过交往的机会。

基本上，让他们自由自在地做他们想做的事情，可以作为一种重要的奖励机制，来激励他们变得有效率和有条理。我主要想传递的信息是，孩子们应该让自己的努力和付出最大限度地、最集中地发挥作用，这样就有更多的时间来娱乐和参加课外活动。即使他们的成绩不能一夜之间发生翻天覆地的变化，但是仍然可以在写完作业之后做他们想做的事情。再强调一次，关注学习习惯而不是成绩的提高，这样才能实现更长远的成功。

减少或者避免多重任务同时进行

我和马克协商如何让他提高效率的时候，向他解释道：每次在写作业或者学习的时候，收到短信或者电话，即便只用5到15分钟来查看或者回复，也会让本来需要一个半小时就能完成的作业，延长到六个小时，这样就会变得精疲力竭。如果他能不受干扰地学习两个小时，就可以完成更多的作业，那么，如果他想在空闲时间上网的话，也就能更早地上线。

虽然理论上来说，应该避免干扰和多项任务同时进行，我还是要说应该减少多项任务同时进行，因为我们得承认，男孩子通常不可能在一夜之间从受到多重干扰变得不受任何干扰。这需要一个过程。要尽量少开手机和电脑，这样才能很快减少它们所造成的干扰。因此，要认识到这是一个渐进的过程，错误总是在所难免，鼓励你的儿子要尽可能地避免干扰。一旦他看到了短时间完成作业所带来的好处，就会愿意做出长期的改变，但是需要时不时地提醒他，因为贵在坚持。

常见问题解答：多重任务

1. 如果我的儿子在学习的时候需要用电脑怎么办？

很多学生都说他们需要用电脑才能完成作业，确实在很多学校，电脑已经成为课程必须的部分。通常，我会建议学生先做那些不需要电脑的作业，然后做需要电脑才能完成的功课。当然，这样做的目的是不要在用电脑写历史作业的时候，打开即时信息或者网站。

2. 我儿子总是在学习的时候听音乐，这样做可以吗？

我们当中很多人喜欢在开车、散步、打扫房间或者在医院候诊的时候听音乐。有趣的是，研究人员发现，干扰基本上都不利于学习和注意力的集中，但是只要能让写作业成为一个享受的过程，那么有些音乐是可以接受的。即使你的儿子坚持认为学习的时候，音乐能让他感到更放松、思路更清楚，那也只能允许放器乐曲，例如古典器乐曲或者爵士乐，这些音乐不像摇滚或者其他抒情乐曲那样能带来严重的干扰。从抒情乐曲换成器乐曲，接下来就可以把音乐和学习彻底分开。

贴士

有些学生发现，如果太安静会让自己感觉不舒服。他们边做数学题边听最喜欢的乐队演奏的时候，机器发出的白噪音有助于创建一个既没有干扰又轻松的环境。

鼓励有计划的休息

很多男孩子因为各种原因来到我这里寻求帮助，他们觉得用两个小时静静地坐在那里写作业，实在太可笑了（有些孩子会花五个小时一直玩视频游戏）。针对这种情况，有个办法很见效：不必一直学习两个小时，而是把它分成四个阶段，每个阶段 30 分钟或者分成三个阶段，每个阶段 45 分钟，然后休息 10 分钟，站起来到处走走、去趟洗手间、吃点零食、摆弄一下东西，总之，做些可以消磨时间的事情。要注意：在 10 分钟的休息时间里，只要不碰任何高科技的东西，他们做什么都行。**他们一旦拨弄手机、检查即时信息或者浏览网页，那么在他们意识到时间到了的时候，10 分钟就已变成了 3 个小时。**

你的儿子一旦适应了每次专心学习 30 分钟，那么就可以尝试让他延长到 40 或者 45 分钟，然后再逐步延长学习的时间。我帮助过很多被诊断为注意力缺陷障碍症 / 注意力缺陷多动障碍症的学生，这种方法对他们也很见效。很多男孩子喜欢用厨房定时器来提醒他们休息时间只有 10 分钟。

制作一个“科技盒子”

根据尼尔森市场研究公司 2008 年秋季提供的数据，美国青少年平均每个月收发 1642 条短信，对这个统计数据我一点也不吃惊。我帮助过的一个男孩曾经告诉我，他上高一的时候，十月份一个月就收发了 20 000 条短信。我试图知道怎么会有如此大的数量，后来发现他一定是吃饭和睡觉的时候都在发短信，这实在太难了！有些短信对话就像下面这样：

甲：嗨！

乙：嗨！

甲：你怎么样？

乙：写作业，你呢？

甲：我也是，真惨！

不管怎么说，家长都知道短信已经占据了孩子们的生活，所以他们在一进房间的地方放置了一个“科技盒子”，做些简单而精致的装饰，再配上一个盖子。每个孩子在写作业的时候都把手机和音乐设备放进去，等写完作业后就可以拿走。他们把手机上锁，设置成静音，然后放进“科技盒子”，等完成作业之后，再回复那些短信。

让你的儿子对课外活动加以筛选

最近，有一家人来到我这里，和我讨论关于儿子申请大学的流程问题。我们先从他们儿子参加的所有课外活动谈起，结果发现他属于典型的“时间安排过满的拖延者”类型：参加了足球队、学生会、摇滚乐队，还交了女朋友，另外，还有各种各样的俱乐部活动也占据了他所有的时间，让他觉得喘不过气来，对自己也有些担忧。他的父母在和我谈话的过程中，承认他们自己上高中的时候也经常投入到各项活动中，所以能理解他的难处。

“你们俩在上高中的时候，那些活动所花费的时间比现在要少。”我这样推测。两位家长点头表示同意，他们开始认识到现在和过去的情况已经有所不同了。事实上，21 世纪的足球队不像过去那样，每周只有一场比赛和两次训练，他们现在增加了适应性和负重方面的培训、好几个小时的训练以及长期的周末联赛。同样，为学生会服务，也取决于你儿子所在的学校，也许每周要开两次例会，每个月又要安排各种各样的晚会。此外，还要参加摇滚乐队，要花时间在平时的训练、密集的聚会、业余演唱会以及本地乐队的演出活动上。这些颇具挑战的活动安排得一个接一个、没完没了。

鼓励你的儿子积极参加这些活动对他来说是有好处的，专注于这些兴趣爱好，也创造了新的机遇和挑战。但同时，需要提醒他不要让自己过度地承担这些任务（参见第 9 章），也就是说，过犹不及。当孩子们筋疲力尽、效率低下的时候，应该让他们每天晚上 9:00 到 10:00 之间回家，因为他已经对这些花费大量时间的活动失去了乐趣。

总 结

有关提高日常写作业效率的方法都是围绕着设置日程安排来进行的。我们不仅需要设定固定的写作业时间（每晚的开始时间和结束时间要保持一致），而且，也要让休息的起始时间保持一致。可以用定时器来帮助你掌控时间。此外，别忘了使用“科技盒子”来放手机等电子设备，并设置一段不使用电脑的时间，这样可以免去浏览社交网站的诱惑。

还要记得把学习时间和玩耍时间分开，重要的是在完成了安排的学习任务之后，让你的孩子自由支配他的个人活动（当然是要恰当的）。要想在“双赢”的情况下，更有条理、更有效地管理时间，需要让孩子们知道：只要工作完成了，就有时间放松并享受他们自己的生活。

Chapter 8

应对测验、考试、项目和期末考试的方法及策略

Strategies for Quizzes, Tests, Projects, and Finals

许多父母都熟悉下面的场景：已经是夜里 11:00 了，儿子还在为一个大项目而忙碌，因为第二天就是截止日期。其实，老师早在一周甚至一个月之前就布置了这项任务并且还提供了详细的指导，但由于儿子一直忙于参加各种活动、玩视频游戏、与朋友交往，这个任务也就没被当作一件大事来对待，很多时候被放在了第二位，直到要提交的前一天晚上，他才开始重视起来。项目截止的前一天晚上，根据孩子性格的不同，处理方式也会不同。你的儿子可能会盼望再拖延一些时间，他内心充满恐慌但又异想天开："嗯……明天我们年级也许会有 10% 的人没有完成项目。唉，我的作业纸怎么又找不着了？"

有些父母在这个过程中会感到生气和不满，也有些父母会越发对孩子疏远，心想："嗯，需要让他自己面对后果。"通过和许多父母私下交流，我发现他们通常会参与孩子的学习，对项目、作文或考前复习提供帮助，因为他们希望儿子能尽快完成这些任务，然后早点上床睡觉，父母也可以早点休息。

对于那些需要一段时间才能完成的作业、测验、考试、项目和作文，你可能不太相信儿子能提前做准备。为什么你会认为做不到呢？因为我们许多成年人也是一直到事情的最后时刻才行动，这样做最终导致的结果就是，事情虽然做了，也就只是完成了而已（原本希望能把它做好）。不管是否喜欢，许多人对这种行为模式已经习以为常，但是他们没有意识到，这种突击做事、在最后时刻才完成的做事方法，对自己是一种损耗。

一个人良好的感觉和自信来源于对成功的体验，他能感觉到自己有能力驾驭并做好一些事情。也许你的儿子还没有在自己的生活中找到自信，或者很久没有感受到通过自己努力而取得成功的过程。**当男孩子们感受到自信，并在一段时间内多次体验到对自己的信心，他们就会慢慢地上瘾，就像在电子游戏中一步步过关斩将进入下一关或在运动队中通过努力变成了领军人物一样。**这是和自己展开的一场激烈竞争，当作好一件事情的时候，他们很愿意去体验这种应对自如的感觉。

我在本章给出了一些方法，帮助孩子们准备测验、阶段性考试和期末考试的复习，同时，对他们完成类似于项目和作文这样的长期任务也有帮助。另外，不同学校的老师是不一样的，有不同的作业要求和完成格式。因此我给出的方法，有些可能对你的儿子适用，有些则需要根据实际情况做些调整。总之，这里所提供的学习方法可以帮助有着各种不同学习能力和学习背景的学生。

本章会根据考试类型（数学、历史、科学）提供不同的复习方法，书中第 173 页提供了针对期末考试复习的“考前学习进度表”。

由于孩子的年龄（初中、高中）以及亲子关系和沟通方式的不同，情况也会有所不一样。你也许有能力（或者没有能力）帮助孩子使用所有这些方法。当然，你还可以通过其他各种途径来帮助你的儿子明白如何更有效合理地利用时间，以便获得更好的学习成绩。有的时候可能只采用“两小时学习时间”的方法，他就能有条有理地完成一项长期任务和考前复习（而不是在最后的一分钟临时抱佛脚）。事实证明，只要坚持使用这些方法，一段时间之后，他就肯定会有明显的进步。

贴士

现在你可能想知道：怎样将本章的所有方法都教给你的儿子？我希望你不要一次教给他！每当学生们来我办公室的时候，我会给他们提出一些关于怎样应对作业、测验和考试的建议。当他们要完成一个长期项目时，我会和他们坐在一起，找出办法，帮助他们列出一个属于自己的计划（这也适用于写作和期末考试前的复习）。如果我一次将所有的方法都教给他们，相信他们一定会感觉压力重重，根本没有动力做下去，然后立刻转身走出办公室。本章可以作为一个资源和一本指导手册，来帮助你的儿子制定方法和策略，并在一学年内逐步实施。

积极主动和消极被动

我辅导过的青少年都有个非常关键的优点，他们能很快发现生活压力的减轻是自己的积极主动而不是消极被动造成的。在第7章我们讨论过“时间分段法”（将一周分成周一到周四和周五到周日两个阶段，具体细化到了每个晚上），重要的是，不仅要让他们完成每天的作业，还要帮助他们规划好自己的时间和空间，提前完成作业。正如我在第7章中一再强调的，“时间分段法”有助于减轻压力和焦虑。因为男孩子们知道，只要坚持执行，他们就没有必要为“在什么时间学习？怎样围绕考试来复习？怎样完成周一要交的作业？”这样的问题而焦虑了。

举个例子来解释一下：对于一个长期项目（同样适用于阶段性考试前的复习），完成所有的事情一共需要六个小时。可以将这个任务分到四个90分钟的时间段里来完成，这样既减轻了压力又能提高效率。因为如果连续两个小时不间断地工作的话，多数的人会变得烦躁，需要离开一会儿。**如果你的儿子在截止日期的前一天晚上才开始学习，那么他就得不到休息，还会增加压力，降低作业质量。**

很少有学生可以整整一晚上都不与外界接触。毕竟我们面对的是个现实生活中的男孩子，他有短信要回，在Facebook社交网里有自己的空间，这些都是他生活中很重要的一部分，如果事先规划好休息时间，他会很开心，也知道自己会有时间回短信、到Facebook社交网上发帖子。特别是当最近举行的某项社交活动分散他精力的时候，让他明白这一点就尤为重要。

每个项目都会遇到无法预估的问题和障碍，这些障碍会增加压力，他会担心没法按时完成。将任务进行分解之后，你的儿子就可以在各个时间段内逐个解决它们。

你可能担心这些观点会落入“聋子的耳朵”。记住我曾经说过的，要传达“共赢”的观念给你的儿子。将任务进行分解，不仅可以让他在完成任务的过程中做到事半功倍，而且还能最大限度地减少压力。

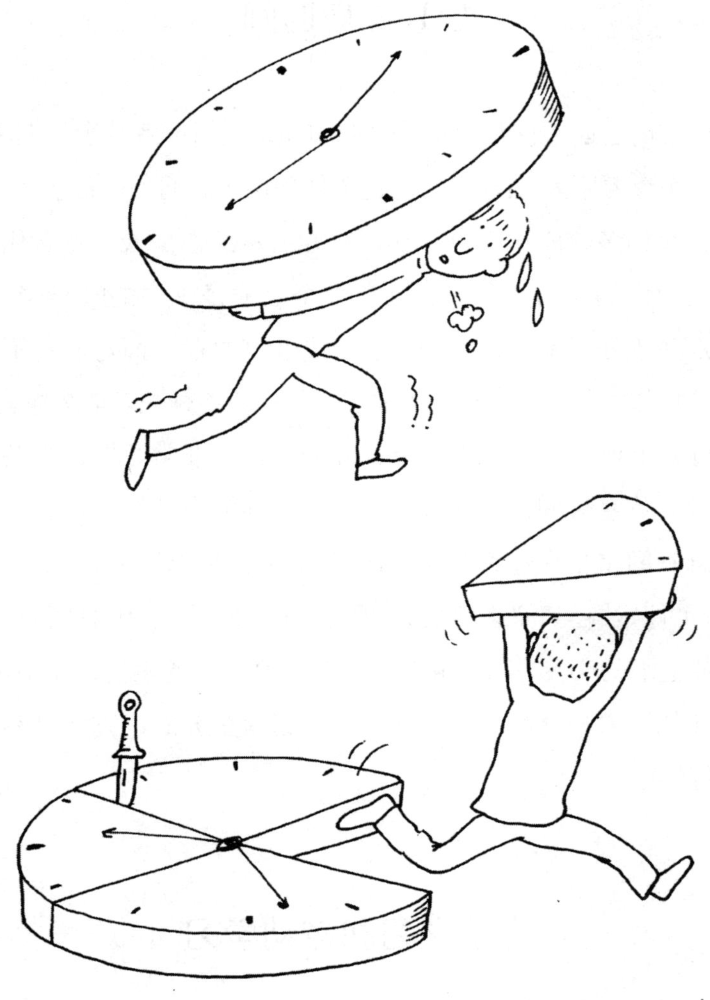

时间分段法有助于减轻压力和焦虑。因为男孩子们知道，只要坚持执行，他们就没有必要为“在什么时间学习？怎样围绕考试来复习？怎样完成周一要交的作业？”这样的问题而焦虑了。

规划休息时间

孩子们迟迟不肯开始着手他们的期末复习或者某个长期项目，其中一个重要原因是:他们感觉这个任务像无底洞一样看不到尽头。其实，我们多数成年人也一样，在办公室工作一天，就会休息几次，在同事的桌前逗留一会儿、开个会或是午餐的时候聚一下。对于那些正处于青春期的中学生，坐在书桌前，面对着看不到尽头、堆积如山的学习资料会很郁闷，他们会不顾一切地选择逃避。

将一个项目分解成更易于管理的小任务非常重要，更关键的是要规划休息时间，允许孩子们做些有趣的事情来释放压力。规划休息时间是指在连续几小时的学习中（期间要不时有 5 分钟的小憩，可以站起来溜达溜达），要有 20 ～ 30 分钟相对完整的时间来释放他们的心灵，做些和学校功课完全无关的事情，如果可能，最好让他们去户外活动，比如可以逗逗家里养的小狗或是和邻居一起打棒球。

主动学习和被动学习

本章强调的许多方法和策略都是根据同一个理念：主动学习比被动学习更有效率，更能激发孩子的学习热情。**在主动学习的状态下，孩子不仅学会在重要知识点上画线、用颜色来突出、在空白处做注解、做“学习闪卡”和复习大纲，而且还能发展出自己的一套自学系统而不需要死记硬背。**需要注意的是：女生通常会用五种不同的颜色来画线、画圈、加框、加亮色，而男生一般只用铅笔或钢笔画下划线。

主动学习可以使你儿子的学习热情保持得更久，因为他是主动地制作自己的学习工具，而不是通过死盯着一张纸，期望自己能记住那些与考试相关的内容。

如何应对测验

根据学校老师和所在班级的不同，考试情况会有所不同。有的可能只有少量不定期的考试，有的可能会有定期的测验。为了能在小测验中获得更好的成绩，需要有考前的复习，这是帮助孩子们掌握学习内容的一个基本方法。这样一来，当阶段性考试或期末考试来临的时候，他们就不会感到压力重重了。

阅读测验

许多学生错误地认为，如果周三有阅读测验，他们就应该在周二花一整夜的时间来阅读那些对他们来说还生疏的内容。实际上只有很少一部分学生可以通过这个方法获得好成绩（比如：我的大学同学就是采用“照片记忆法”来阅读），而绝大多数学生应该提前阅读，在测验的前一天晚上复习他们已经读过的内容。需要遵循的一个原则是：如果学生们需要用几个晚上的时间来阅读，那么他们应该在开始的几个晚上进行通读，后面的晚上用来复习，而不是到最后才阅读新资料。

常见问题解答：有声读物

可以用有声读物吗？

有的时候，某些家长（包括孩子）认为有声读物是骗人的。我不认同这个观点。你的儿子是通过听觉还是视觉来记忆，这一点并不重要，关键是要理解。不能仅仅因为我们几千年都习惯使用书面文字，就将其视为唯一的学习媒介（其实，在有印刷文字前，人类都是通过口口相传的方式来传递信息和故事的，而且还沿用了几个世纪）。如果你的儿子更倾向于听小说，而不是用眼睛来看，那就可以用有声读物来帮助他理解和吸收。我发现一个好的方法，就是可以一边听有声读物，一边看书，并在重要的内容下面画线，适当地做一些注释。

对阅读测验有帮助的贴士

- 鼓励你的儿子像对待普通作业一样对待阅读复习，并在作业时间段里完成它。
- 他可以在书桌边或者坐在一个舒服的椅子上完成阅读作业，但不能在床上半躺半睡。
- 鼓励他主动阅读，如果允许，就在书上画下划线、在书边做注释；如果条件不允许，你可以复印一些章节或是让你的儿子在贴纸上注明重要的信息，附在书上所对应的页面上。
- 必要时，让他用“阅读指导或总结”作为辅助理解的工具。我不反对使用导读、指南或其他补充资料，它们可以帮助学生了解那些有一定难度、文字较晦涩的文学作品的基本故事情节，尤其对于学习英语有困难的学生，这种方法可以很好地帮助他们。我发现了解基本情节可以帮助学生更有学习兴趣，让他们了解更多阅读资料以外的知识。关键是，无论你的儿子是否认为重要，他都必须阅读原文并画线、做笔记。

⊙ 在完成阅读后，应该用5分钟的时间大致写出几个要点：发生了什么、和谁、在哪里发生的、什么时候发生的以及为什么会发生。写下这些只需要花上5～10分钟的时间，既节约时间，又可以更好地掌握这些内容。

单词测验

准备单词测验的关键方法其实很简单：制作“学习闪卡”，这个方法对于在外语班里学习单词也同样适用。有些老师认为整理一个单词表（一列是单词，另一边是解释）的方式也同样有效，我却不太认同这种方法。我的经验是：学生们更愿意在主动学习的状态下做事，抽取“学习闪卡”的学习方式比静态的单词表更能让学生活跃起来。最有效的一种方法是让你的儿子将单词列在一侧，另一侧列上解释，并在旁边用该单词依据上下文意思造句，这样就可以获得最好的学习效果。

贴士

有一本很有名的书《英语说文解字》（作者为诺曼·刘易斯），它是学习词根最好的资料，这本书得到语法爱好者和英语迷们的热爱并被广泛地使用。

数学测验

你的儿子在准备数学测验或考前复习的过程中，需要做好两件既简单实用又很重要的事情：

- ⊙ 从制作自己的复习资料开始，包含所有公式、术语和其他一些必要信息，这就是主动学习。将整本书通读一遍，列出所有重要的公式，列出复习清单，最好的方法是先回想这些公式，然后理解它们是怎么推理出来的，最后思考如何运用它们。
- ⊙ 接着给自己安排一个模拟测验，做些应用题，验证自己是否真的理解并及时纠正错误。很多学生以为将笔记和作业看一遍就已经足够了，其实他们错了！最有效的方式是再做一遍错题，这样才能事半功倍。考试前确认自己已经知道怎样做题，会让他更加自信地迎接考试。

地理测验

一个既简单可行又能提高地理成绩的方法就是，关注地理位置，记住洲、国家、首都和主要河流的信息。打印 10 张空白的地图，在第一张上列出应该学会的所有地理术语，记住这张纸上的所有内容。在这个基础上，用剩下的 9 张空白地图来做练习，填入每一个术语，每次做完就和第一张对照一下，把没有写出来的部分填上。

网络上还有许多教授地理知识的免费在线资源。即使地理测验采用笔试的形式，我仍然建议使用这种“空白地图法”来复习。

网络的地理游戏可以作为辅助工具来增加孩子们的兴趣。

外语测验

许多父母错误地以为自己不会说外语，就没有办法帮助孩子学习这门功课。实际上，采用抽取“学习闪卡”的方法来帮助孩子进行单词学习，可以起到意想不到的效果。另外，让孩子纠正你不够标准的发音，既对双方都有帮助，又可以激发他的学习兴趣。你付出的成本只是被孩子嘲笑一下，何乐而不为呢？

不可缺少的“学习闪卡”

“学习闪卡”是帮助孩子学习知识的最有效方法之一。学生们难免会遇到制作“学习闪卡”的困难（较普遍的抱怨是:“全写下来要花这么多的时间！”），但是一旦在难度较大的测验或者原本学得不够好的科目考试中取得高分，他们总是会勉强同意我的做法。“学习闪卡”是组装式的，便于随身携带，用于学生们确认哪些已经学会、哪些还没有记住。对没有记住的内容，只需要简单看看笔记就行，而不需要重新反复阅读。这个方法对记忆力不好的学生尤其有效。我不建议学生们在日常学习中死记硬背，“学习闪卡”是帮助记忆的众多方法之一。

我经常在办公室里教给学生们一些简单的技巧，告诉他们怎样迅速、精准又相对不费劲地记住卡片的内容:

1. 先学 5 张卡片的内容，用很短的时间认真学习；

2. 再学 5 张卡片的内容，然后一起复习这 10 张卡片；

3. 复习完这 10 张卡片后，再学 5 张，之后一起复习这 15 张。

最理想的情况是有人（兄弟姐妹、朋友、父母）在每学完 5 张、10 张或 15 张“学习闪卡”后，考一考他们。**学生们对自己可以迅速而毫不费力地学完一堆“学习闪卡”感到非常惊讶，这让他们对学习更有信心。**此外，这个方法还适用于单词测验、历史考试、生物术语的记忆和其他一些科目的考试。

贴士

你的孩子做好“学习闪卡”后，可以将它们放在一个收纳盒或鞋盒中，每个科目一个盒子，并且保存好所有的“学习闪卡”，这样在期末考试或阶段性考试前，他们只需要复习一遍“学习闪卡”上的内容就行，这些卡片是以前就做好的，不需要到考前再临时做新的。

阶段考试

阶段考试一般涵盖三个单元、两个月或者某一段时间的学习内容。在阶段考试中获得的分数会影响到期末考试的成绩。以下章节对阶段考试的要点进行了概括。

准备好复习大纲了吗？

老师们通常会在考前给出考试范围，并提供复习大纲。但是，让许多父母感到奇怪的是，他们发现自己的儿子竟然不知道该如何使用这些大纲。我辅导的一些高一和高二的学生认为，把复习大纲上的50多个名词仔细浏览一遍就够了。这个方法对那些极少数有超强记忆力的学生来说倒是可以，但对大部分人来说，最好的方法是认真做一遍大纲上的所有题目，然后进一步复习所有相关内容。

如果老师没有发复习大纲，你的儿子可以自己制作复习大纲，包括笔记、书本、测验等其他内容，然后围绕大纲进行复习。这样的准备过程就是在主动提炼必须掌握的知识点。

复习大纲只是成功的一半

托尼是个勤奋用功的学生，他通常会准备好历史复习大纲，但他总是会在考试的前一天晚上九点才开始着手做。他认为将所有的答案简单地写下来就行，到他完成的时候，往往已经是半夜，自己筋疲力尽，该上床睡觉了，没法继续复习自己花三个小时才搜集好的资料。最后他变得灰心丧气，认为自己即使耗尽心力复习了所有的要点，也还是掌握不了，准备放弃。

托尼没有意识到，他应该至少在考前两个晚上就开始复习那些大纲（由老师提供，或由自己准备）。如果他在两天前就启动所有的事情，考前当晚就可以放松心情，取出已经准备好的“学习闪卡”，复习那些他还觉得混淆的部分，通过这样的复习，逐步建立自信，相信自己为考试做好了充分的准备，考试成绩也因此大大提高，从而进一步提升对自己能力的信心。

考前当晚的“学习闪卡”复习

提前花几个晚上的时间将重要的信息写在“学习闪卡”上之后，你可以在考试的前一天晚上帮助儿子复习这些卡片。“学习闪卡”的一个突出好处是，你的儿子可以通过复习这些卡片，了解自己掌握了哪些内容、哪些还需要进一步复习。采用这个学习方法，可以只专注于那些需要掌握的知识点，而不是盯着笔记或书上的某些段落死记硬背。

模拟考试

模拟考试就好比是表演进入彩排阶段，或者球队进入最后的决战阶段，鼓励你的儿子自己出题测试一下。可以选做一些复习资料里的问题或者课本后的数学题（有个笨办法就是从书中课后习题中选取，书后面有答案）。他可以自己出题或和同学一起，互相出题，他们既是出题者又是答题者，可以得到双倍的练习效果。

考前焦虑症

许多学生的考试成绩低于自己的真正实力是因为他们考前极度焦虑。本章提供的方法可以使他们感觉到自己为考试做好了充分的准备，一切尽在掌控中。这样他们可以减少考试中的慌张，内心更加自信。

焦虑是比较常见的，但有时候会过度，考前焦虑其实和父母的态度直接相关，这一点我在第 2 章已经讨论过，父母的态度是让孩子有条理、合理安排时间、在校内外取得进步的关键因素。你的儿子如果听到这样的评论:“为什么你不学习？”或者“嗯，你肯定不专心”，就可能更加退缩。

考前焦虑症确实存在，如果你的孩子已经完全掌握了学习内容，还总在为考试而纠结的话，那么在阶段考试前你应该和他聊聊面临考试的感觉，也可以鼓励他主动和老师说说自己的考前焦虑；许多老师会用学校提出的办法来帮助学生，消除他们的担忧。考前焦虑症有以下几种表现特征:

- ⊙ 头疼，胃疼。
- ⊙ 出虚汗，感到呼吸短促。
- ⊙ 感到无助，畏惧学校。
- ⊙ 逃学，考试那天突然生病。
- ⊙ 难以集中精力，感到脑子里一片空白。
- ⊙ 烦躁不安，来回地踱步。
- ⊙ 考试前一天晚上无法入睡。
- ⊙ 没有食欲。

我在一个初中实习的时候，和学校的心理医生共同领导了一个“考前焦虑症小组”，这个小组里有一群男生，他们中的许多人起初不肯分享自己处于紧张状态的事情（个性倔强的男生的表现）。但是当他们开始分享自己压力过大的感觉时，我就渐渐清楚了：许多男生宁愿表现出矛盾的状态，也不愿意承认自己对失败的害怕，他们常常很快就选择放弃。

我们小组的目标是让每个学生在离开的时候，都能学会一至两个方法和策略，来帮助他们应付一般状况。当六次辅导课程结束后，学生们参加考试的时候，会感觉越来越放松和自信，并且感受到这些方法给他们带来了帮助。

绝大多数男孩不太愿意主动承认自己曾经在考试时紧张或是害怕，但是通过温和的提问，你就可以确认自己的孩子是否处于这种状态，如果是，你可以在他考前准备的时候，使用下面的方法和策略。

遐 想

每次考试的前几个晚上，尤其是头一天晚上，引导他遐想一下，考试来临前需要做些什么，想象自己考试很成功。这种方法会让他感觉放松、自信，并相信自己有能力驾驭考试。

用 30 秒做五次深呼吸

当学生们开始有沮丧的感觉甚至有些轻微恐慌时，可以先停下手边的事情，低下头，闭上眼睛，做五次深呼吸（不打扰同学和老师的情况下），让注意力重新集中，只要 30 ~ 60 秒就能帮助他们恢复状态，头脑清醒地继续考试。**甚至在标准化考试时间比较紧迫时，也不要因为时间有限，就急于赶做一两道题，这样最终会因为慌乱而出现重大失误。**

休息一下

考试过程中，有时学生们会坐在那里陷入内心沮丧进而狂躁的状态。这时，可以起身削削铅笔或是去一趟卫生间，让自己恢复一下。这也是最后的办法，只要老师允许，还是能起到一定的作用。

如果你的儿子正处在考试的焦虑状态中，可以向学校的顾问或老师了解一下情况，这会带给你非常大的好处，因为学校有应对策略或变通的办法来帮助孩子缓解焦虑。另外，还可以向专家或临床医生请教，他们往往有很好的方法帮助孩子面对这种恐惧。

常见问题：多项选择题考试

我儿子对机考和多项选择题的考试感到难以应付，你有什么好建议吗?

学生们对多项选择题考试感到有困难，原因往往不同，有些人觉得从不同的角度来看待这个问题，好像每个答案是对的。有个有效、简单、易行的办法就是：将答案盖起来，只看问题，思考应该是什么答案。采用这个办法，可以在看到可选择的答案之前先独立思考，就不易混淆了。

机考和标准化考试一样，就是将小圆圈涂黑。有些学生看到答题纸，就会感到畏惧（比如，他一看见这些空心圆就开始觉得沮丧，小心谨慎地不画出线外，但他没能力将这些空心圆涂得整洁和完整，或者因为学习差距问题，很难清晰地辨认字母），如果你认为孩子有可能出现这种情形，可以向老师提出要求，让他把答案写在卷子上。如果他的成绩的确很好的话，那就应该考虑在得到老师允许的情况下，让他在所有的考试中都用这种方法。

在机考和多项选择题考试中，我鼓励学生们尽量不要在某个题目上花费太多的时间，给每道题30秒，看看能否想出答案，一时想不出来的，先在旁边做个标记，在全部做完之后再回头攻破它。

长期项目

缇娜是我辅导过的一个孩子的家长，有一个星期天，她花了整整一下午的时间，开车送儿子到同学家一起完成某个团体项目，回来之后，非常恼怒。因为孩子们在这个项目上忙乎了一个月，到了项目最后关头，却遭遇堵车，在 101 高速路上被堵了 90 分钟。缇娜的儿子在私立高中上八年级，队员们彼此住得不是很近，他明白自己在项目组队的时候，没有考虑到居住距离的因素，他应该找两个街区范围内的同学一起完成项目，这样就不至于在星期天下午因为高速路堵车而浪费时间，因为那天成千上万的司机正尽力赶往旧金山参加一项著名赛事。

怎样避免与缇娜同样的遭遇呢？我给大家一些建议。

参加前的思考

建议你的儿子在加入团队项目前先考虑清楚。团体项目的设想是非常棒的，培养团队合作的精神，学习和不同工作风格的人合作（就像真实世界一样）。但事实上，团队项目也可能会非常辛苦，特别是有些项目要求孩子们在下课之后要聚几个小时。孩子们有各自不同的时间安排，这就需要协调碰面的时间和地点，很容易引起争吵。但是有的时候，团队人员是被安排好的，没有选择的余地。缇娜在经历了被堵在高速路上的烦恼之后，她和儿子辛一起讨论“怎样挑选组员才是明智的”：不仅要考虑他和谁比较相处得来、谁比较能干，还要考虑他的住处是不是最方便。注意：年龄小的孩子可能在有进度要求、需要在规定时间内完成的项目中表现不好。和中学生一起合作，可能需要号召他们的家长也参与进来，这样才能让一切逐步变得井然有序。

鼓励你的儿子结合自己的兴趣爱好

如果可能的话，鼓励你的儿子在参与长期项目时结合自己的兴趣爱好，这样可能会得到更多的收获。长期项目范围广泛，如果项目的主题不太吸引你的儿子，有可能会变成一种负担。尽量让你的儿子参与他有兴趣的项目，他才会变得更加积极主动、更加投入，也更能感受到成功。比如，辛喜欢制作视频，他的团队可以选择拍历史片，采用历史课上接触到的内容，团队中一个组员负责写脚本，其他三人扮演角色，这样辛就有机会导演和剪辑电影了。

纵观全局，然后缩小范围

如果你的儿子参与了一个长期项目，就要帮助他们将任务分割成一个个简单的、容易执行的模块，在一张空白纸上，列出每一件事情——包括最小最简单的任务，如果是团队完成的项目，就要将完成的每一个任务落实到每个队员身上。然后，帮助他们设计一个完成各项任务的计划表，计划表里列出每一个更小的任务，就像一项作业那样把每一项内容都合理地分配到他日常的作业时间段里。这对大多数孩子来说并不是一件自然简单的事情，但是他们只要花上 15 分钟，计划好如何完成这样一个长期任务，压力和焦虑也就慢慢减少了。让孩子在每一项任务边上留出空白，每次做完就在上面做个记号，核查一下。（这会让他非常有成就感！）

成为幕后歌手，而不是台前领唱

我经常看见一些好心的父母过度投入到孩子的长期项目中，好像是在完成自己的初中和高中作业，那些珍贵的记忆让他们很想再重温一遍，但是这样做不行！**提供必要的后台支持是需要的，但是要让你的儿子自己考虑那些细节，自己挑起项目的担子，收获付出后所得到的成长。**比如，在我的学生当中，有个孩子负责高中物理课上的一个桥梁项目，因为他的伙伴在整个周末都泡在游泳池里，所以他发现自己没有足够的人手，但是他得到了妈妈和妹妹的支持，他负责把握大方向、设计、实施，而妈妈和妹妹负责给他打下手。后来他妈妈笑称自己当时对儿子的领导力印象深刻，她能想象出有一天儿子长大后，自己有能力管理一家小公司。

写作文

有些英语老师会告诉你，写作文没有什么标准的方法。因为写作没有什么固定格式，所以男孩子们经常对如何开头感到不知所措。一个典型的场景就是：第二天要交一份五页纸的作文，现在已经是晚上八点钟了，他们才开始盯着电脑屏幕，大脑一片空白，不着边际地写上题目，然后再删掉，写上，又删掉。把页边距扩大，再加大字体之后，他们最终完成了五页纸的作文。对孩子来说，这是一个充满痛苦的过程。而且我可以想象读这篇作文的老师可能会更痛苦，因为这篇作文是在最后一分钟才匆匆完成的，所以很可能有多个主题，行间距也超大。琳达赛·赫兰特是一个作家兼英语老师，在附近的一所高中工作，她帮助我研究出一些方法来帮助孩子们写好作文。我列出一些粗略的大纲，每次在写作文时交给学生。它是一种基于论点、引言、数据、论据的写作方法。如果你的英文老师不认可这个风格，你可以采用老师要求的格式来创建你自己的大纲（参考本书第162页提供的大纲）。

孩子们非常喜欢这个作文大纲，他们经常在应付作文作业时，向我要空白的拷贝，这样就可以不必死盯着空白的电脑屏幕了。他们只需要在大纲的空白处填写内容，在确定写作内容之前，他们会先进行讨论，寻找论据，并对论据进行阐述。这个过程可以帮助他们理解写作文的逻辑思路。以前他们曾经对写作文茫然不知所措，现在渐渐树立起信心，并有能力把自己的思想组织起来。

下面的章节将详细论述一些要点。

注意：如果你孩子的老师要求学生运用不同的思路或结构，你要适应老师的要求并根据要求创建自己的写作大纲。有时候，老师们会针对“对比/比较”类的作文或者其他作文给出具体的建议。重要的是，在孩子们坐在空白电脑屏幕之前，先进行有效的“头脑风暴”。

节省时间的积极阅读

阅读的时候，在页面的空白处做记录、在要点下画线、对人物做注解会帮助孩子更快地在三百页的书中找到他想要的信息。当他开始阅读老师所要求的资料时，鼓励他每次就小说中出现的一至两个主题思想做一些笔记。例如，在阅读菲茨杰拉德的《了不起的盖茨比》这本书的时候，每次读到关于爱和金钱的内容时，都做些笔记。一个主题思想可以仅仅是一个想法或是某种价值观（有些孩子一看见“主题思想”这个词就先害怕了），也可以是与同情心、社会公平或是社会隔离相关的思考。阅读过程中那些随时触动他的主题思想以后都能成为写作的素材。

重要的问题

在你的儿子看完一本书之后，要求他写下 5 ～ 10 个和这个故事有关的重要问题。大多数情况下，当要求学生提出一个论点（或者要点）的时候，他们会害怕并选择逃避。所以，应该鼓励他坐下来，在白纸上写下 5 ～ 10 个问题，这样能鼓励他去思考：在这本书里哪些地方吸引了他？哪些话题可以引申？毕竟，写自己感兴趣的问题会让他觉得这个过程更加有趣。写完之后，可以引导他进一步思考在这些问题当中能发现了什么样的主题思想。当他思考这些问题时，让他想一想“为什么？”。比如，你的儿子正在为《麦田里的守望者》这样一篇作文而苦恼，你可以问他：为什么主人公霍尔顿·考菲尔德这么仇恨道貌岸然的人？当老师抚摸他的头发时，他为什么这么心烦？这些问题和书本里的故事紧密相关，可以让一个处于青春期的男孩产生强烈的共鸣。

泡形图

鼓励你的孩子使用泡形图的方式使问题可视化，并了解它们彼此之间的联系。一个人物、主题或是一个观念（爱、权力、金钱）都可以作为一个关系图中的核心框，让他“头脑风暴”一下，找出和这个人物或观念相关的事物以及他想进一步探讨研究的话题。允许他“头脑风暴”和自由发挥，并鼓励他积极主动地思考，帮助他在自己的写作中变得更加主动积极，这样他就不会认为写作文是件无聊的事了。

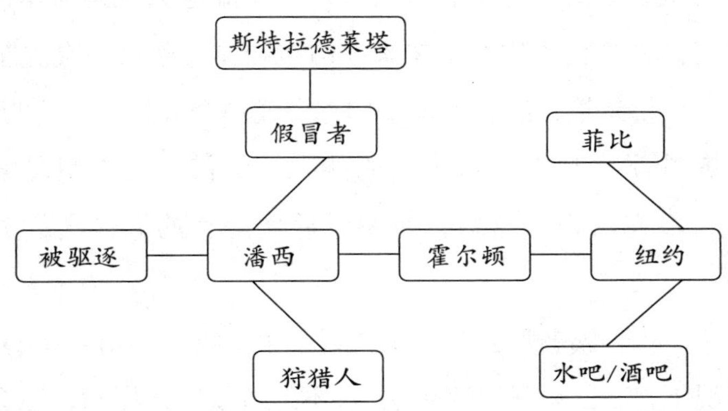

有争议的论点

通过“头脑风暴”，你的孩子可以找出一个有争议的论点并进一步展开论述。所谓有争议的论点就是可以让正反双方都能成功辩论的观点，鼓励你孩子写出这种类型的陈述，然后让他选个立场来为该论点辩论。每当我的学生们对某观点的理解感到困难时，我就从他们的生活中找一个例子：“那些将房间打扫得更干净的小孩可以得到更好的成绩”就是个有争议的论点，正反两方都可以进行辩论。还有，“父母越多参与孩子的生活，孩子就可以得到越好的成绩”等等。他们都很喜欢这样的论题。

时间分段

鼓励你的儿子将作文写作的进程分割成小的时间段。每个时间段为两个小时，每次完成一个时间段的任务，然后逐步完成整个作文。将难度大的作业分隔成容易管理的小时间段，会让他在时间上更从容应对，也不会因为看到要完成这么大的写作任务而感到沮丧。许多优秀的英语老师在布置作文写作时，会先把它分解成一个个小练笔，最后让孩子们整合成一个大的、完整的作文。但是，有些学生缺少纵观大局的能力，他们只是不假思索地胡乱完成，没有意识到这些正是两周后要提交的大作文的关键组成部分。

另外，有时候老师会简单地布置学生一周写一篇简单的作文。这种情况下，我鼓励用“四步法”，不但可以减少压力，还会提高创作大作文的能力。整个过程被分割成四天来完成，只要学生们采用“积极阅读”的方式（记笔记、自己写问题），就会对故事情节和人物有很好的感觉，并且知道该采用什么主题。

“四步法”是:

第一天：写出论题，以及两至三个支持它的论据；

第二天：写出大纲（参考第 162 页）或者按照孩子老师喜欢的格式写大纲，找出书中所有的数据（或引述）以支持论题或论据；

第三天：在电脑上写初稿；

第四天：编辑和修改电脑上的初稿，打印出来，大声地朗读，挑出语法错误、打字错误、拼写问题和其他错误。打印出最终的版本，并将完整的作文装订好。

回顾检查

学生们应该尽早开始写作文，以便有时间来检查。从编辑草稿到最终定稿，一天的修改就能让作文有很大的不同。很多时候，学生们坐在那里看着自己仅仅 24 小时前写的东西，就能在检查中发现新的视角，并立刻找到自己的错误。这样做的目的是培养学生自己发现问题，而不是由父母、指导老师来完成大量的编辑工作。我鼓励学生们大声朗读他们的作文，因为这样常常可以发现听起来不顺的或是漏掉的词语。这样做可以让孩子们更加乐观自信，为他们创造机会，在借助外力之前自己来做第一个编辑，这对提高写作技巧很重要。

期末考前复习

不必一想到期末考试就内心焦虑或者头皮发紧，准备期末考试要记住的最重要事项（和其他学习相比）之一就是：主动学习模式会比被动学习模式产生更好的效果。运用主动学习模式，期末考试的前一周压力会比较小，并且在这一周只要用“学习闪卡”学习就可以。要让你的儿子有充足的睡眠，让他感觉自己休息得充分，觉得自己已经做好了准备。那些根据学习计划复习的学生告诉我，他们在通过期末考试的时候，比以前更有胜券在握的感受，压力更小，对自己获得的学习成绩也更加满意。

要想成功地准备期末考前复习，就要采用下面所提供的建议。

创建资料夹

期末考试前一周，让你的儿子为每个科目制作一个带有 11 ~ 14 英寸长麻绳的马尼拉封套并且在封套的外面写上名字，然后将每门功课的考前复习资料都放到对应的封套里，包括：考前复习计划、答案、以前的考试卷子、测验题、重要笔记和“学习闪卡”（用夹子或皮筋绑好，以免乱了顺序或丢了）。这个封套里面包含了除课本以外的考前复习要用到的所有东西。

做这样的资料夹对减少学生们的焦虑的确有帮助，因为这让他们可以从夹子里取出所有需要的东西来准备考试，而不必为那些不必要的杂物以及摞得高高的学习资料而烦恼，他们只需要一个有条理的资料夹就够了，里面东西齐全又便于携带。

贴士

如果老师会检查活页夹并制定了评分标准，那你就让他在检查完活页夹之后套上封套即可。

从期末考试前一周开始

考试前一周负担最重，但是多数学生却错误地认为考试的那一周才是最紧张的。考试前一周，学生们应该在晚上额外增加两个小时来学习，全力以赴地准备考试：做复习题、复习以前的卷子、创建自己的复习清单和制作“学习闪卡”。考试前一周（不是考试那周）的学习量是很大的，多数老师会在更早的时候就分发复习清单，许多学校会在考试前一周不再布置新的作业。比较理想的状况是，所有的复习清单和“学习闪卡”都在考前的两天完全准备好，这样在剩下的日子里，可以将时间都花在掌握这些资料上。

帮助他们规划时间

将学习内容分割成小块可以减轻学生的压力。在第163页我提供了一个简单的复习计划，来帮助学生规划时间。期末考试前的两小时复习时间段里，我一般会让学生选择两门科目，一个容易些的，一个难些的。为什么要这么做呢？**因为对于多数学生来说，连续两个小时都学一个科目会感到有困难，让他们在不同科目间切换一下会更容易些，如果其中一个科目的复习量较小，效果会更好些。**你应该留意一下，在时间表里，每一小时或两小时学习时间段之间要留些间隔时间，在这个间隔时间里，孩子们可以做任何他们想做的事情。最好的时间安排就是：学习一段时间，然后出去散散步或是做些别的减压的事情，休息一下。

最后的建议

上述方法可以成功地帮助学生提高成绩并对自己更有信心，这一点已经得到了印证。另外，最重要的是怎样以恰当的方式循序渐进地教给他们，也就是说如何将经典的“双赢”概念传达给孩子。也许你认为鼓励你的儿子去适应这些学习习惯，看起来好像不太可能，但我已经无数次看到了成功的案例，其中包括那些持怀疑态度的家长。

总 结

在孩子的学习生涯中，很少有什么事情能超过考试和大项目带给他们的压力。同时，缺乏条理、事到临头才开始的行为方式会让他们觉得更有压力。根据我的经验，提前准备好一个应对考试的计划，不但可以帮助他们减轻压力，而且一定会取得更好的学习成果。这里总结几点：

◎ 考试和测验：要记住，将考试和测验前的学习看得和平时的学习一样。规划好学习时间和休息时间，教给孩子面对学习的最佳方法。“学习闪卡”是必不可缺的，因为它有助于用主动学习模式来复习而不是死记硬背。另外，了解考试焦虑症的特征，并且知道怎样做可以将它的危害降到最低。

◎ 项目：对于长期项目，花一些时间来确认孩子对于将要完成的任务已经有了可行的计划，尽力做好支持者的角色，而不是一个积极的参与者。

◎ 作文：所有的孩子都需要找到一个围绕逻辑结构来组织素材的方法。这样，他们才能以最小的压力来完成一篇构思巧妙的作文。

◎ 期末考试：如果你的孩子能将所有学习资料都整合到一个文件夹里（多数老师渴望能提供这样的文件夹），并且制定合适的学习时间表，那么，期末考试将不会带来更多的压力，而是转化为日常学习的一部分。

作文结构大纲

引 言

⊙ 论题 1：针对引言部分的最后一个句子提出三个论据。

第一段

⊙ 陈述 1：用一句话进一步引申其中的一个论据。

⊙ 引入:这部分主要介绍引述或论据，告诉读者你有什么论据。

⊙ 数据：展现具体的引述和论据。

⊙ 辩论：用两到三个句子展现为什么你选择了这个论据，它能怎样支持你的主张和论题。

第二段

⊙ 陈述 2：用一句话进一步引申其中一个论据。

⊙ 引入:这部分主要介绍引述或论据，告诉读者你有什么论据。

⊙ 数据：展现具体的引论和论据。

⊙ 辩论：用两到三个句子展现为什么你选择了这个论据，它能怎样支持你的主张和论题。

第三段

⊙ 陈述 3：用一句话进一步引申其中一个论据。

⊙ 引入:这部分主要介绍引述或论据，告诉读者你有什么论据。

⊙ 数据：展现具体的引论和论据。

⊙ 辩论：用两到三个句子展现为什么你选择了这个论据，它能怎样支持你的主张和论题。

结 论

⊙ 重申你的主张和论据中的要点。

通用写作技巧

⊙ 用现在时写作。

⊙ 避免用进行时或完成时（如：正在跑步、正在游泳、已经说过），尽量采用一般现在时态来替代。

⊙ 避免用惯用语“这是”“那是”之类的词，用精确的主语和鲜活的动词。

⊙ 使用逗号和连接词（如：和、但是、尽管），让句子结构变得丰富。

⊙ 避免在同一句子中使用多个介词（如：和、关于）。

⊙ 避免使用第一人称（如：我、你），除非这是关于你个人的作文或者故事。

考前学习进度表

某月	周日	周一	周二	周三	周四	周五	周六
	5	6	7	8	9	10	11
上午		学校	学校	学校	学校	法语 / 数学	英语 / 历史
下午		学校	学校	学校	学校	历史 / 法语	化学 / 法语
晚上		化学 / 法语	英语 / 历史	数学 / 化学	英语 / 法语		
考试周	12	13	14	15	16	17	18
上午	化学考试	法语考试	英语考试	历史考试	数学考试		
下午	数学 / 英语	历史	数学	数学			
晚上	法语	英语	历史	数学			

复习指导

⊙ 考试前一周，收集所有要用到的复习资料（包括复习列表、过去的考试卷子和笔记）。

⊙ 每天晚上在正常的两小时学习时间之外花些时间填满复习列表。

⊙ 扩展复习列表内容，12 月 12 日前做好“学习闪卡”。

Chapter 9

健康的心灵、强健的体魄：帮助你的儿子减压、充电和成长

Healthy mind, Healthy Body: Helping Your Son De-Stress, Recharge, and Grow

心理学历史上的经典研究，
揭示孩子成长中的重大奥秘。

扫码免费听《改变心理学的40项研究》
20分钟获得该书精华内容

为人父母最重要的事情之一是为自己的儿子创建和维护一个健康的环境并提供情感上的支持，让他可以在这个环境里自由地探索，为自己的命运做主，能定期锻炼身体并丰富自己的心灵。男孩子们在上中学的时候，正处于身体和心理的成长阶段，身体外形的变化、荷尔蒙的改变以及学校、朋友和家庭环境的刺激，都可能给他们带来巨大的压力。如果这时候他们又生活在一种不健康的环境下，那么多数做事专注的孩子也会觉得艰难，根本不可能使用我们一直在讨论的“时间管理和条理性”技巧。

其实不必担心，一个健康的环境实际上只是意味着较少的任务和相对简单的生活方式，而不是让你完全按照日程安排来生活。想想看，有多少次因为生病而使你完美的计划泡汤，你的儿子又有多少次因为身体的困倦和疲乏而错失了一些特殊的机会，因为他没有足够的能量（或动力）去把握一次新的机会。**健康的环境培养健康的孩子，他们会对新挑战有良好的愿望。**

本章中我们将从五个侧面来分析：怎样才算是更简单更健康的选择？它又会给男孩子的心理和生理健康带来怎样巨大的影响？

饮食和营养

男孩子们在放学或运动后来到我的办公室时，多半已经又饿又困，更为严重的是，他们因为饮用了过多的高糖和咖啡因饮料致使血糖在运动前就被迅速消耗掉，而最终导致低血糖状况的发生。我记得有个高中二年级的学生，在长跑之后带着一品脱的冰激凌来到我的办公室，他比会面时间早到了半小时，所以坐在等候室里，如饥似渴地沉浸在一部卡通片里，轮到他进入我办公室的时候，他说胃疼并且在会面中途就好像快要睡着了，所以我干脆让他提前离开了。

我经常会在工作中和男孩子们简单地谈谈营养知识，因为我确实认为营养是人体机能必不可少的因素，它影响着学生的学习能力、处事能力和自身的发展。研究表明，常见的忽视营养的做法，诸如进餐不规律、不重视早餐、铁摄入不足等都会对学习产生明显的负面作用。每次我和一些父母谈到营养问题的时候，他们都承认自己已经无能为力，孩子们到处都可以找到垃圾食品，有些妈妈抱怨说，她们给儿子带午餐去学校，但是孩子们最终还是去买那些充满添加剂的零食，这些添加剂在其他国家都是被禁止使用的。其实，家长们可以做些简单的改变，变点小花样，就能帮助她们的儿子养成健康的习惯。

通过一顿简便早餐来创造机会

茱蒂·格力贝尔是曼哈顿的营养学家和西崔公司的创始人，她经常和青少年打交道，她说自己看到的最大问题之一就是男孩子们不吃早餐。许多孩子没有足够的时间坐在桌前吃早餐，是因为他们宁愿将宝贵的几分钟花在床上。这样，在上学前吃顿早餐简直就成了空想。部分孩子（包括一些成人）习惯不吃早餐，他们相信自己早上不需要吃东西。但是，早餐其实是一天中最重要的一餐。**如果一个正在发育中的男孩，从前一天晚上八点到第二天早上都没吃什么东西，那么他将很难集中精神在数学测验上。**

尽管坐在桌前花上 5 ~ 10 分钟吃顿早餐只能是个空想，但还是可以找到许多办法解决吃早餐的问题。如果你的儿子苦于没有时间和胃口吃早餐，那么奥特米早餐条和一些可以路上吃的早餐便于携带，可以在汽车上或者上学路上边走边吃（这个方案不够理想，但总比完全不吃好）。

创造“双赢”的学校午餐

有些父母抱怨说他们已经尽力了，但他们的儿子还是不吃自带的午餐，坚持从学校买午餐吃。这些午餐很贵，而且根据学校餐厅价格的不同，那些午餐的营养搭配也不同。针对这些中学男生的做法，我经常将“带不带午餐”提高到经济学的角度来讨论。比如，鲍的妈妈每周给他 25 美元买学校餐厅的午餐，他的任务就是要做好一周的预算。他曾埋怨说，钱总是到周四就用完了，所以周五不得不从家里带午饭。但他不得不承认厨房里有足够的东西为他提供一顿丰盛的午餐。

我没有对他表示同情，而是说道：“哇！鲍，你一周有 25 美元，如果你午餐不花这笔钱会怎么样？”

他想了几分钟，然后说：“妈妈说我可以任意支配我的预算。”

这笔钱原本是他的零用钱，可以额外购买餐厅的零食和糖果。我们算了一笔账，一年当中，他在学校午餐上花费了近 900 美元，还不包括质量不好这些因素。如果带饭到学校，这笔钱就可以省下来，而且还吃得更健康，也不用在餐厅排队，他也因此可以有更多的时间和朋友们坐下来放松心情。

几周后，鲍开始经常从家里带饭了，虽然这种做法看起来不那么酷，但是他一直被“能省 900 美元”这个目标激励着。有时他也会在餐厅买些零食和餐后甜点，但多数时候，他都是从家里带饭：包上两个三明治，再加上一些水果和烤西红柿片。当他向同学解释这样做可以省下 900 美元的时候，有更多的男孩子也开始从家里带饭了。对于这个结果，我们都认为不足为奇了。

贴士

和你的儿子讨论一下他想带什么午餐去学校。为他做个常吃的食物清单，并且确保那些材料都在你每周的购物清单上。然后，再建立一个快速配置午餐的流程，可以在五分钟之内就准备好。如果条件允许，让你的儿子在前一天夜里自己准备好午餐，这样他就不会把自己不爱吃的东西放进去，也避免了你为他准备好午餐但他又不吃的情况。

让零食健康又诱人

男孩子们放学或课外活动结束后回到家里，总是又饿又渴，因为很多学校开餐很早（中午 11:00），所以他们到家的时候已经有 5 ~ 6 小时没有进食了。这对一个正在长身体的男孩子来说是一段很长的时间。有些妈妈说，她们的儿子放学回到家里常做的事情就是：一进门就放下书包，冲向冰箱，打开门站在那里盯着琳琅满目的食品挑选，因为他们实在太饿了，所以通常会选择含糖的、高热量的食物。**这些零食不仅会影响他们的晚餐，而且会给后面的学习带来麻烦。**例如：当乔尼正准备做科学作业或者复习西班牙语的时候，他的血糖却已经骤降到了非常低的水平。

茱蒂·格力贝尔注意到，有很多中学生喜欢把零食搭配在一起吃，玉米薯片配辣番茄酱，豆泥配胡萝卜，豌豆黄油配芹菜，苹果配杏仁黄油，这些都是很好的搭配，可以提供身体所需的能量。同时，她还发现如果男生乐意接受这些搭配方式的话，他们就会定期去吃，因为这类零食能让他们更专注于学习。

关于男孩与营养方面的注意事项：

⊙ 水是最好的选择

大多数所谓的能量饮料，其实也就是在糖水里面放了些化学添加剂，诸如荧蓝、柠檬绿或是艳粉这样的人工色素。要在家庭里杜绝这些运动饮料和含咖啡因的饮料，并鼓励青少年多摄入水或者百分百的果汁。

⊙ 钙是关键

大量研究表明：当今孩子们的骨骼比过去的孩子要脆弱得多（我在办公室里也证实了这点，我的学生中每年都有 5 ~ 10 个在相当长的时间里打着石膏）。这个结果非常令人担忧。大多数人错误地相信奶制品是摄入钙的唯一方式，其实，杏仁奶、豆奶、纤维奶、坚果、菜花、深绿色叶子的蔬菜等等都含有丰富的钙，香草口味的甜纤维奶已经非常普及，它富含蛋白质和欧米伽 -3[①]，与蛋白粉混合后，口味很像奶昔。

⊙ 书房不是餐厅

如果你的儿子因为参加活动回家晚了，只有他自己一个人吃饭，那也要给他 10 ~ 15 分钟的时间，让他踏踏实实地在餐桌前就餐，而不能让他急急忙忙地先去做作业或者做其他事情。最好把电视关掉，集中精力吃饭，让他不受干扰地享受美食，这样他在写作业或者进行晚上的活动之前，就有一段过渡的时间，能得到充分的休息。

⊙ 餐后吃甜点，而非随时吃

孩子们放学后，尽量准备些烘烤的玉米片和萨尔萨酱，而不要给他们吃饼干和冰激凌，甜点尽量放在餐后吃，因为那时已经不那么饿了。另外（就像我一再重复即时通讯工具对学生的干扰一样），并不需要完全不接触甜食，只是要在合适的时间食用。

锻炼和睡眠

在最近前往纽约的一次旅行中，我在电梯里遇到一个小男孩，看上去像是四五年级的学生，可能刚从学校放学，我随意地问起他当天在学校里过得怎么样，他激动地看着我，咧开大嘴笑着说：“非常好！因为今天是星期三，我们有体育课。”

---

① 欧米伽 -3：一组多元不饱和脂肪酸，常见于深海鱼类和某些植物中，对人体健康十分有益。

“你们其他日子没有体育课吗？”我有些不相信地问，记得我自己在上初中的时候，每天都有体育课。

“是，”他回答，“我们只有周三才有体育课，不过我明年去的那个学校每天都有体育课。”他对我开心地笑着。

“看来你很想去那个学校。”在电梯停下来之前，我说道，他也心照不宣地笑了。

我们都知道这样的统计结果：现今的学校假期少了，而增加了很多需要坐在教室里和课桌前学习的功课，年轻人中的肥胖者也越来越多。和以前相比，今天的孩子很少有机会呼吸新鲜空气，进行户外活动。事实上，除了营养好以外，锻炼和充足的睡眠将让孩子们更加专注、更加集中精力，也更能享受美食。如果孩子们没有足够的机会到处跑动、伸展他们的四肢、释放他们的能量，他们将会变得无精打采、昏昏沉沉，这也使他们没法在教室里集中精力。最重要的是，睡眠不足（下面要讨论的）会使男孩子们不可能在校内外表现出最好的状态。另外，缺少睡眠还会导致意志消沉和身体肥胖。

校内外的运动和健身

我坚信任何人，不论体形胖与瘦、协调性好与坏或是技能水平高与低，都应该定期参加某项团体运动或健身。这些锻炼最好是户外的，场地并不重要，而是贵在坚持。今天，学校里的休闲和户外活动已经大大减少了。如果希望男孩子们能够做到集中精力和专注，他们就特别需要找到出口来释放自己的能量。很多孩子每天被迫在学校里坐很长的时间，回家后又要做几个小时的作业。中学男生的能量需要释放，这种长期静坐的生活方式对他们而言是痛苦的。

肖恩在上初中的时候，曾经感到非常迷茫。他曾经因肩部受伤而没法参加最喜欢的橄榄球运动，这让他内心很挣扎。他严重缺乏条理性。肩伤使他在第一学期有 20 天没法上学，落下了很多功课。由于错过了许多基础内容的学习，他很难在第二学期有个新的开始。他第一次来到我的办公室时，看上去垂头丧气的。

“我不能参加运动了。”他叹息道，“我失去了太多玩的快乐。”尽管学校允许他上体育课，并且举重之前可以在跑步机上锻炼或者骑车，但是他的父母还是强迫他取消这个特权，因为他的成绩实在太差了。他的父母传递的信息是：学习为先。但这绝对是最糟糕的处理方式。肖恩更乐意接受的信息是：上体育课可以宣泄他过剩的精力。由于害怕失去健康以及体内激素的作用，肖恩更加焦虑和心烦意乱。

感受了他对运动的渴望心情之后，我们给他设计了一个时间表，将定期运动作为每天日程的一部分，并且规划了运动时段，完成作业后可以在周一、周三和周五以及周末两天参加运动。这样做，不仅让他的父母很开心，还可以鼓励他坐下来完成作业。

适合每个人的运动方式

有些孩子不是天生的运动员，也有的孩子不喜欢竞技运动，这些都没有关系。但每个孩子都需要有种方式来释放自己的能量，而且，由于现今的大多数孩子不像 30 年前的孩子们那样有机会去操场上奔跑，所以每周就需要给他们规划固定的时间去活动。

我的很多学生把与运动和健身相关的活动作为他们的个人目标之一。这些目标所涉及的范围很广，比如："每周跑四次，每次 20 分钟""赢得空手道紫带"等等。如果能让一个久坐不动的孩子活动起来，我甚至并不反对电脑游戏类的健身活动（虽然这不会是我的第一选择）。

贴士

家里有人在看电视的时候，不妨设计一些健康的小竞赛，这样孩子们就不会只是懒洋洋地坐在那里了。例如，可以设计一个规则，每次只要有人看连续剧，每看一集就让这个人做一组仰卧起坐、俯卧撑或弓步。你来决定这种竞赛的规则，鼓励大家积极参与，这样效果会更好。

娱乐性运动是一个很好的选择，而不是一项安慰奖

雷纳德在高中一年级的时候参加了初级篮球校队，但是后来他又不想参加这种常年外出的比赛，因为比赛过程中不断提高的期望使他没法好好享受运动的乐趣。后来，他和三个好朋友决定加入当地一个娱乐性的运动队，这样他一周就有两次训练和周末的一场比赛。问题得到了解决。

不是每个人都一定要加入校队。而且在多数情况下，也不是每个人都有能力参加校队，尤其是在重视竞技体育的学校。如果你的儿子属于这样的情况，要鼓励他创建"车库乐队"（这是由斯坦福大学学者、《学校教育》的作者丹尼斯·克拉克·波普命名

的），因为不是每个人都可以进入学校的乐队。通常，当孩子们的能力还只是停留在娱乐消遣的水平时，来自同伴（或家长）的一些期望会阻止他们继续参加这项运动。但是如果由他们自己来创建一个团队，那么他们就会有归属感，而且也不必承诺一定要达到怎样的水平。

让运动释放压力而非制造压力

今天，中学生运动比赛的激烈程度、竞技程度和投入程度都很高，这是他们的父母和祖父母小时候没有体验过的。根据学校和运动项目的要求，孩子们每天放学后要有多达三个小时的训练，这使得一些十三岁的孩子很容易在晚饭前就已经筋疲力尽了。我看到很多学生运动员在清晨和深夜还在练习，周末还要外出参加州际（有时是国家间的）联赛和表演赛，周日晚上又要全力以赴补作业。

孩子们自身已经承受了很大的压力，父母的过度参与使得运动不仅没有起到释放压力的作用，反而制造出新的压力。**作为父母，你对于孩子运动能力的态度和指导方法，可以帮助他们建立自信，也可以打击他们的自信。**当你的儿子无法进入校队或者在俱乐部的表演赛中表现欠佳的时候，他会看到你的失望。你们之间的多数谈话是不是都围绕着团队和比赛成绩？你是不是在场外尖叫？你在他输掉比赛后会不会明显地表露出伤心？如果你的儿子离开校队，你会怎么做？当一项运动变成压力的时候，你的儿子就会将所有精力转移到这项运动中，无力再面对学校的作业，在课堂上也不能聚精会神地听讲了。

削减睡眠赤字

根据睡眠基金会的研究，大多数发育中的孩子需要9个半小时的睡眠，而今天大多数的孩子都处在赤字状态，初中生的平均睡眠时间是8个小时。高中生能有7个小时的睡眠就很幸运了，有的甚至只有6个小时。

塞缪尔第一次走进我的办公室时，还是个高二的学生。辅导他一段时间后，我注意到他总是显得筋疲力尽，他承认自己很少在半夜前上床睡觉。他是个篮球运动员，有6英尺1英寸高，在高中篮球队里没得到足够的机会上场，梦想着能在大学里获得经常上场的机会。但是在他的初级联队里，他只排到第八或第九的位置，没有达到大学篮球队的录取线（尽管每学期他都把这一项列入他的目标）。在一次谈话中，我尽力劝说他要多睡觉。我给他看了一个研究报告，讨论的是青少年睡眠不足会影响身高，并且无法挖掘出他们所有的潜力。

塞缪尔读完这篇文章后很受触动，他立刻做了改变（没有什么能比一份成熟的研究报告更能说服一个有梦想的男生意识到睡眠的重要性）。大多数晚上，他在9:30—10:00的时候上床睡觉，并且在周末睡得更多，他将手机闹钟设置在晚上9:30，提醒自己睡觉（滑稽吧，但千真万确！）。**重要的是，每晚增加2～3小时的睡眠，一周就增加了10～15小时。**三年后，这个年轻小伙就成为了I区篮球队的成员。

我并不是说任何一个孩子只要睡眠充足就可以加入I区大学联队。有更多类似赛缪尔的故事这里没有必要一一罗列了。很明显，睡眠对于正在长身体的男孩子是非常重要的。许多男孩子在采用了本书前面强调的那些“任务和时间管理”方法后，都说最重要的一点收获就是：如果做事有条理，他们就可以早点上床睡觉了。尽管有些生理规律研究会建议，处于青少年时期的男孩晚点睡觉，到第二天早上会愿意多睡一会儿，但是多数这样做的孩子会无精打采，并且一有机会就上床酣睡。

睡眠优先

在本章最后有一个活动记录，你可以借鉴它来和孩子一起规划一个时间安排表，如果孩子安排了过多的活动，可以根据它取消一些活动。通过开放式的沟通和使用这份记录，可以帮助他决定什么活动可以保留，什么活动可以暂时放到一边，因为他没法同时兼顾到所有的活动。我建议父母和孩子在时间安排上都要首先考虑睡眠，其次考虑学校的作业，最后再安排课外活动。实际上，如果睡眠不好，其他事情（包括成长、头脑发育以及其他发展）也做不好。

周末的时候，让他们（尤其是那些非常忙碌的高中三年级和四年级的学生）选一个晚上外出（周五或周六），其他日子待在家里休息。他们不用太早就上床，但是在疲倦的时候随时可以结束手边的事情，然后上床睡觉。并不是说每天晚上都要求有同样的睡眠时间，但这样做总比睡眠不足要强得多。

某个时段之后要限制科技产品的使用

有一对夫妻来到我的办公室，和我说起他们儿子的大学申请过程。在谈到最近终于明白为什么他们的儿子总是看上去很疲倦的时候，他们忍不住大笑起来。最近他们拿到家里的移动电话话单，发现花费非常高，经过检查才知道他们的儿子和女朋友的短信往来集中在凌晨2:00—3:00。对于这种情况，可以要求他每天晚上10:00把手机放到“科技箱”里。**限制科技产品的使用在时间上不必要求太早，因为对孩子们来说，这是他们基本的社交媒介和重要的自由放松时间。**但如果牺牲了睡眠时间，那么有些事情必须加以限制。晚上将手机放在该放的地方，我们相信你的儿子会得到更多的睡眠时间。

健康的户外运动

本书一再强调，我工作的核心原则之一是帮助男孩子有能力管理时间，掌控自己的未来，并创建一个空间，让他们能对自己的生活负责。采取的手段包括：设置目标、选择活动、安排自己的作业。最好能让他们在学校或者社区参加那些能培养他们激情的活动。可以鼓励孩子加入学校的乐队、参加辩论队或模拟法庭，参加校运动队或校戏剧社。很多学生发现他们的各种兴趣爱好在不同的社团里得到了激发、培养和发展。

孩子们在上学期间可以得到成长，此外，暑假也是个人成长和发展的最好时间。那段时间，他们可以脱离学校的环境，干一些不同的事情。**我强烈反对学生在没有必要的情况下去暑期学校上课。**我坚信孩子们在上学期间已经花了很多时间在教室里了，暑假应该鼓励他们培养一些其他技能、发展兴趣爱好并且多参加户外活动。对男孩子来说，暑假是释放他们激情的最好时光，而激情的释放能加强他们的自信心、独立性和自尊心。

下面介绍几种方式，让孩子们能够充分利用暑假时间，构建他们的自信心和自我价值感。

找一份工作

杰克是个非常机智幽默的孩子，正在上高中二年级。他完全没有条理，属于“认真的懒鬼”类型，总是在离开家的时候落下一些必须要带的东西（午餐、运动服、英语作文）。他特别安静，有时缺乏自信。在完成了一学年的辅导之后，我建议他在当地的超市里找个给顾客装包的工作。他的父母起初有些怀疑这种类型的工作是否能为孩子的成长带来帮助，但因为我的坚持，他们最终还是同意了。

从他们家骑车就可以到这个杂货铺。大多数情况下，杰克都骑车上下班。整个暑假我都没有见到他，有一天我遇到了他妈妈，她说杰克现在每周工作 25 ~ 30 小时。他八月底走进我办公室的时候，已经足足长高了三英寸，并且好像通过自己挣钱找到了自尊（尽管这份工作的薪水很有限）。工作给他提供了和不同年龄段、不同背景的成人接触的机会，同时他也学会了如何与各种类型的（包括友好的、不够友好的）人相处。

暑假后他第一次来我办公室的时候，历数了自己被客户大吼大叫以及在糖果通道里发生的莫名其妙的事情。他的眼睛里放着光，因为他是朋友圈里唯一一个有工作的。对他（同样对大多数的男孩）来说，这笔薪水的数额是巨大的（有一个学生在得到第一笔薪水后，大声问：“联邦社会保险是干什么的？为什么要拿走我的钱？”)。

杰克的工作是他自己的，他负责地按时上班，大家也都很依赖他。当有成人问他问题时，他用眼睛看着对方，然后告诉他们答案。当拿到薪水时，他意识到要在那里站上13个小时，才可以挣到一双他脚上穿着的运动鞋。**成人有时候会低估通过暑期打工挣得自己第一笔薪水后收获到的人生智慧。**男孩子对工作的责任感和归属感能让他们的自信心与观念发生巨大的转变。

贴士

我经常告诉家长和学生们，在服务业工作与在父母所在的公司工作相比，更能锻炼孩子们的独立性，并让他们获得更丰富的工作经验。在服务行业中能学习到如何面对好的、不好的人和事，而且老板会要求早上7:00就去仓库。有时候家长会提出这样的问题:“他的爸爸经营着一家跻身财富100强的公司，强尼为什么不能在那里工作呢？”或是“我们在做居民住宅的生意，卡梅伦可以在那里工作。”但是，如果家人在公司里拥有雇佣、解聘和监督的权力的话，实际上会给孩子一种被庇护的体验。

学习做生意

在任何一个学年，我都会遇到几个与众不同的男孩。他们在学习上比较费劲，因为觉得课堂里太无聊了，但是一旦交给他们一项动手的任务，那么他们就是绝对的天才。我以前当学校老师的时候，曾经遇到过一个学生，他在12岁的时候就知道如何给一整栋房子重新布电线；另外，为了了解一个小器械是如何工作的，他能将小机器拆开，然后再把它们组装回去。对每一个学生，我们都要努力去发现他最擅长的事情以及他个人最成功的地方。很多男孩子在制作和组装某些东西方面非常出色，然而我们的社会却认为：做生意是二流的职业。其实，学习做生意对青少年自信心的建立起着惊人的作用，它让孩子们有一种破茧而出的感觉并能强烈地感受到：凭借自己的能力可以去创造事物。

柠檬水摊都去哪里了？

我六岁的时候，奶奶一直在做手工编织，她可以用一天的时间就织完一件婴儿毛衣。当她开始织一件新活时，会把所有的事情都放在一边。看着她的手工活，我无意中问她织一顶帽子要花多长时间（那时，我们住在康涅狄格，天正下着雪，奶奶随后就织好一顶毛线帽给我），她推算自己一天织3顶帽子是没有问题的。我因此得出一个结论：我们每周可以卖15顶帽子（你喜欢我让奶奶工作的办法吗？），我算了一笔账，认为我们可以在前院卖帽子，10元一顶。爸妈乐了，说他们不用担心我将来想不出如何赚钱养家的办法来。

柠檬水摊是培养创业精神的最好平台。这是今天的孩子所缺少的，因为他们不能自由自在地去冒险。想一想:将桌子拉到屋外、设标志、配备原材料，一边做柠檬水一边卖给客户，数钱、分利润，所有这些不仅需要付出辛苦，而且还要有做事的动力以及想冒险的愿望。万一没人来怎么办？万一柠檬水用光了怎么办？今天的孩子有时太担心经历失败了，他们宁愿放弃去卖柠檬水的尝试。

培养创业精神比仅仅鼓励他们去卖东西或者通过提供一种服务去赚钱（比如帮着遛狗或者陪宠物待着）更加重要。这是他们把握机会、解决问题并提出创造性解决办法的时机。

传统的暑假乐趣

在这个充满竞争的环境里，我们有时候忽略了男孩子们在暑期里享受简单乐趣的重要性。他们在暑假可以睡懒觉，和邻居们约着一起玩，参加夏令营，到附近的海滩、湖边或者珊瑚礁边徒步旅行。但有些孩子的暑假比上学还忙，这实在是一种不幸，因为暑假本应该是一段好好休息、放松和恢复活力的最好时光。充满乐趣的夏令营（有小木屋、顾问以及各种各样的户外活动）对男孩子们来说是享受暑假的最好方式。这些年来，我已经看到很多男孩子从户外露营、扎筏子过河、航海活动中获益，因为他们可以脱离日常学校的环境，在一个新的环境里培养自己坚韧的品格和领导力。

做辅导员是件“双赢”的事情

欧文属于“挣扎型学生”，他对自己学业的自信不是很大，感觉很沮丧。他所在的高中要求学生参加社区服务。有一天，他走进我的办公室，抱怨说他完全不知道自己该做点什么。我建议他在当地的课外辅导中心做志愿者，辅导四五年级学生的数学和阅读技巧。他开始一周服务一次，花一个小时给小孩子辅导功课，另一个小时陪他们在户外运动。小孩子们挺崇拜他的，他也非常享受一周当中的这两个小时，每周一他都去参加这个项目并且坚持了整整一个学年。这样的活动对欧文来说，意味着他是个有用的人，对小孩子是有影响力的，而且当他发挥出这种影响力的时候，确实对小孩子们非常重要。

一旦男孩子们意识到自己所提供的帮助被别人需要并得到了重视，他们就会非常愿意去做。为小孩子当辅导员是一种被认可和建立自信的体验。我辅导过的高中男生中，有的志愿为小学的运动校队做教练助理，有的在课外作业和活动项目中当志愿者。这种体验帮助他们走出自己的世界、了解到那些崇拜他们的孩子的需要。如果你在建议儿子做辅导员的过程中受到抵触，可以试试这样来讲:“我听说那个地方真的很需要你。”另外还可以找孩子信任的某个人来提出这些建议。

视频游戏的诱惑和缺陷

最近有本书叫《随波逐流的男孩》，作者是内科医生兼心理医生莱纳德·萨克斯（Leonard Sax），他拿出整整一个章节来讨论电脑游戏的现象，里面特别阐述了“视频游戏能满足男孩子情绪上的需要”。

男孩子们被视频游戏吸引的最重要原因是，它为许多人提供了一个可以掌控自己命运的平台。大部分游戏的结局他们都可以控制，即便失败了，只需要简单地重新再玩，直到最后成功就行了。失败也没有什么真正大不了的。另外，奖励制度逐步升级，也让他们很容易上瘾。**总之，在游戏机中没有不好理解的信息，没有脾气暴躁的老师和无聊的课本，也没有不公平的教练。**在这

个虚幻神奇的世界里，你的儿子就是明星。想到这一点，你就很容易理解为什么一个男孩一周会轻易地花费10个小时的时间，将自己沉浸在这样一个世界里。

然而，如果你对儿子给予适当的关注，规范孩子玩视频游戏的种类和时间，就可以避免萨克斯所提到的问题。我个人认为，问题的关键是不要让视频游戏成为你儿子掌控命运的唯一平台。我前面所提到的各类活动，都为孩子们提供了真实、充满心理挑战并且通过努力很容易就可以获得成功的平台，而不是在屏幕上的虚拟世界里得到一个很高的分数或者获取很高的死亡率。我并不反对给他机会赢取虚拟高分或在虚拟的神秘世界里探索，但我同时希望他也能站在当地熟食店的柜台前，或者作为一个年轻的辅导员为别人提供帮助，为社区的邻居服务，或者开创自己的小生意。

情绪稳定

今天的青少年很不容易。对很多孩子来说，在他们所处的环境里，那些说出来的和没有说出来的期望都很难让他们感受到自己能掌控生活，也不觉得自己能做好事情。即使孩子们外表看上去很好，实际上有时候也在自我怀疑，常感到来自学校、朋友、家庭对他们的失望甚至绝望。我们的社会不鼓励男孩子们敞开心灵，不幸的是，男孩子们也很少会去寻求帮助，也不肯承认自己需要帮助。其实，你无须勉强自己在周围的世界里表现得多么坚韧、强壮，也没有必要让别人把你看作一个完人。

情绪健康检查

正如孩子们需要做身体健康检查一样，我认为所有的青少年也都会从情绪健康检查中获益匪浅：他是怎样处理压力和挫折的？他感觉到有朋友吗？或是有一个社交圈能让他做真实的自己吗？其实，在每周的家庭晚餐或周日和父母一起共进早午餐的时候，就是一个做定期情绪检查的好机会。如果这种方式在你的家里不太好操作，那么家庭的某个朋友或另一个成年人也可以承担这个任务。**另外，接送孩子去某个地方的时候，也是情绪检查的好机会，因为很多时候，家长和孩子觉得在汽车里沟通更舒服。**关键在于这种沟通不是被迫的，也不是在按照清单做检查，而是彼此以一种更加开放的心态来进行交流。

对可能出现的深层次问题要敏锐

在有些案例里，家长以为孩子只是精神不振和条理性差，但这实际上是情绪发生问题（比如沮丧或焦虑）的信号。很多时候，年轻人来到我的办公室是因为家长的担忧和对孩子的成绩、考试分数和校内表现感到灰心。但是，当我开始给孩子做辅导的时候，就立刻意识到除了指导他如何将纸放进活页夹、如何不受干扰地学习之外，还有更多的事情要做。我当然不是说如果孩子不马上使用我的条理性系统就会陷入沮丧的情绪。但在有些案例中，家长的确忽略了孩子在学校里遇到的困难，而这些困难可能正是内心情绪纠结的征兆。

2006 年一项关于青少年冒险行为的研究显示，超过 25％的青少年承认，一年中至少有超过两周的时间自己处于伤感或沮丧的

接送孩子去某个地方的时候，也是情绪检查的好机会，因为很多时候，家长和孩子觉得在汽车里沟通更舒服。

情绪中。一些家长可能会想:“嗯，那又怎么样呢？生活本来就是辛苦的，坚强点！”但是对多数青少年来说，初恋的分手、感觉没有朋友或者在学校里感觉压力重重，这些事情都是难以接受的。其中部分原因是因为他们缺少成年人的经验及洞察力。对他们来说，当下就是他们见过最糟糕的情况了。

尽早寻求外部的支持和帮助

道格第一次走进我办公室的时候，还是一个高中一年级的学生，他的身高和硬朗的个性都会给人留下印象。他在上初中的时候就很挣扎，并且被诊断出患有注意力缺陷障碍以及听力处理速度慢的问题。在上高一的时候，他组建了校越野队，还取得了上学期间他父母所见过的最好成绩，他看上去非常适应这所中学。但是，高二期间，事情开始有了变化，他常忘记写作业，变得易怒又沮丧，看上去完全不在状态。渐渐地，他开始好几门功课不及格，家长也很不开心，他再也没有从老师那里拿回像第一年那样的成绩单了。

很快，道格遇到了比常见的青春期焦虑症更大的挑战。道格的妈妈花了 10 分钟的时间告诉我她和丈夫在儿子行为的突然变化和学习方面遇到的难题，我建议他们带道格去找咨询师或者治疗师。他的妈妈简单地回答我:“我问道格是否想去找咨询师，他说不想。这就是他的选择，他决定不去找任何人。”

对于这种情况，我并不惊讶。**遇到情绪问题时，大多数的中学生和青少年都不会轻易寻求外部的支持，因为他们不认为自己有问题。**他们从朋友那里得到一些先入为主的概念，认为去咨询或者治疗是软弱的表现。道格一直不肯去找咨询师，半年过去了，他的情况越来越糟糕。后来妈妈还是坚持让他去看一看咨询师。值得注意的是：道格在第一次接受辅导之后，每次回到家里都没有出现任何问题和挑战，他开始承认这种方式对他既有帮助又能带来乐趣。他和咨询师一起针对自己的困扰找出更好的应对策略，并且感觉到与第三方交流比和家人、朋友交流更容易。

对于那些遇到困难而又不愿意和父母讨论的孩子来说，尽早寻求外部支持非常关键。遇到问题时，第三方的参与可以提供一个新视角来帮助男孩子们获得应对方法。家长应该引导他们了解到：在需要的时候寻求外部支持是完全可行的，而且也是一种力量的体现，家长可以帮助他们找到合适的资源并创造一个有利于身心健康的环境。

贴士

朱蒂·罗森博格（Judy Rothenberg）博士是一位儿童心理医生和初中生的咨询师，她建议父母设定一个允许孩子自己处理问题的时间段。例如：如果到了月底孩子处理的问题还没有进展，就要去见治疗师了。如果孩子还是拒绝，她鼓励使用“三次无效出局”的方法，让学生必须去三次，然后决定治疗是否有帮助。这个办法可以避免设圈套强迫孩子去治疗，那样孩子会对第一次（也是他仅有的一次）会面的过程采取抵抗的态度。但是很少出现三次之后还抵抗的情况。在罗森博格博士25年的实践中，她只遇到过一个特殊案例，那个孩子在三次会面后决定不再去了，但是一年之后他又决定回来继续接受她的辅导。

时间安排过满的问题

本书里我一再谈到，要让学生们积极投身到他们所热爱的事情中，这一点非常重要。我相信这也是激励年轻人、让他们充满活力的最佳方法之一。孩子们加入到学校和社团中，可以创建更好的社会关系，也会变得更坚韧、更快乐。**但是，我也越来越多地看到中学生精疲力竭、身体受伤、压力过大、不知所措的情形。这其中的原因是什么呢？是因为他们的时间安排得过满了。**

如果上中学的男生负荷太重，就没有时间和空间来实现个人的成长。他们忙于从一个活动转移到下一个活动，缺少一段重要的时间来对第一次活动获得的信息进行充分的整理、消化和吸收，也不能在第一次活动结束后重新恢复体力和精力，更无法调整自己的状态，来适应下一个活动环境。这种持续的、没有充分休息的忙碌会使得他们只注意应对眼前的事情而不关注自己的成长，并且很容易让孩子们受到压力和睡眠不足的负面影响。

查尔斯正在上高中一年级，非常讨人喜欢，也很勤奋。除了上一些高级课程之外，他还参加学校和俱乐部的运动以及一些校外的活动。每一项活动都需要付出大量的时间。一天晚上，他走进我的办公室，思绪很乱，几乎无法集中精力，也不能轻松地完成一道数学题。他既要完成作业，又要参加晨练，晚上的睡眠时间不足五六个小时，并且开始依靠高能量、高糖又含咖啡因的饮料来支持自己度过一天，他身体痉挛，紧张不安，没法冷静下来。看到他的样子，我很快意识到，在接下来的时间里，我们不要再碰任何数学题了。

相反，我开始和他聊起这一周的生活。给他一张纸，让他列出所有承诺的事情，并且写出他参与的所有活动以及时间（空白表格见本章最后）。他很快意识到：把上学、运动和社交都加起来，他一周等于工作100小时！然后，我们看了一下他所列的活动，挑出两到三项他必须去做的事情，也就是那些他确实乐意参加同时又能让他释放压力、感觉放松的活动。查尔斯挑选的活动是篮球和“魔力棒球”俱乐部，每周中午活动一次。这样做保证了他合理地安排时间。

后来，我们谈到周日晚上的青年社团活动，每周三晚上社团要增加一次聚会，这对查尔斯来说无疑又是一个负担，他决定只保留周日的活动，不参加周三的聚会。另外，还有旅游、锻炼、远足和生存训练占用了他一周10到12小时的时间，其实这些活动对他来说已经不再是享受了。同时，他也承认其他一些运动，比如排球俱乐部，都不是他特别想参加的。他决定放弃排球俱乐部的活动，有可能的话，在春天的时候，棒球活动结束后再参加校排球队的活动。

他保留了大多数活动，根据新调整的时间表，完成一周的课程之后，他已经可以每天晚上多睡两至三个小时了。这样，他不仅感觉放松了许多，同时对时间表上的活动也更有责任心。他可以完全享受这些活动而不再是例行公事。有了更多的时间后，他自然也变得更有条理，因为可以有更多的时间去处理事务、做作业、准备测验和考试，而不必总是觉得事倍功半。

时间安排过满和风水

风水大师黛博拉·基谈到，风水的核心原理是阴（静）阳（动）之间要平衡。时间安排过满实际会阻碍工作能力、学习能力和创造能力的发展。当一个孩子的时间安排过满时，就会阴阳失衡，也就是说，相对于“阳气（用于工作）”，“阴气（用于反思和休息）”会不足。她提到，小孩和青少年的实际学习能力在降低，因为他们没有时间倒空自己纷乱的思绪。其实，即使他们什么都不做，也会产生一定的作用。当一个孩子有机会什么都不做，他们就可以反思、回顾、吸收并探索他们有能力做什么。这样，反倒会在“无所事事”的时候想出很多创意来。

课外活动已经和你小时候的大相径庭

我在第 7 章提到过，今天学校和课外活动要求孩子们有更多的投入，他们比以前任何一代人都需要有更多的练习时间、更多的旅行、更多的能量和更高的强度。我经常向家长们提出挑战，让他们想一想自己中学时候的时间表是什么样的。大多数家长都承认尽管他们过去也有这样那样的活动，但是他们付出的时间远不及今天的孩子们多。**现在每一项独立的活动都会占掉一大块的时间，如果把几项活动合并起来，你就可以让孩子们看到：他们认为自己能做到也想做到的事情，实际上根本就做不到，也没有任何人能做到。**

克雷属于“善辩的智者”类型，他花了无数时间来准备辩论赛，他和队友练习的是牛津大学的辩论风格。他和搭档针对某个辩题的正反两方来准备（全年就用一个题目），然后在本地和外地与其他队伍比赛。这次巡回辩论赛相当激烈，整个学期里，他要投入每天晚上和周末以及整个暑假的时间来做全方位的准备。克雷每个周末至少要花八个小时的时间，用来准备比赛或者参加比赛。因为他总是有这么多事情要做，所以通常会把作业暂时往后推，转而投入到自己喜欢的辩论准备中，他的成绩因此受到了影响。

克雷没能针对自己的情况，对时间进行优先级的设定。辩论赛总是被排在所有活动的前面。谁又能责备他呢？我们也都经常被自己感兴趣的活动牵制，因为缺少一个切实可行的计划，所以很自然会选择先做最有兴趣的活动而拖延其他的活动。针对克雷的情况，我们一起规划出写作业所需要的时间，这样一旦完成了作业，他就有时间做辩论准备了。先完成作业非常重要，如果他还有更多的精力，要允许他准备自己的辩论赛。这样，他就不必为了完成学校的作业，而人为地取消辩论。

与你当年上学的时候相比，不仅仅是运动方面要投入更多精力，还有很多时间要花在为乐队筹款、给秋季戏剧演出做准备、参加学校的合唱音乐会上面。要考虑你孩子所参与活动的广泛性和深入性，鼓励他在对下一项活动做出承诺时，主动思考什么是他容易做到的、什么是他不容易做到的。如果他已经承诺了太多，就和他一起重新对他的日程表进行安排，减少一些活动，留下他认为最享受、最重要的项目。

贴士

许多的案例显示，时间表安排过满主要基于以下想法：

“如果我不能独立做出花生酱，不会跳踢踏舞，我就不具备考入大学的能力。”这种疯狂的想法是没有根据而且有害的。现实中，大学的面试官要察看的是学生是否能够平衡发展、对什么事情有热情，而不是让学生为了达到他们的门槛而耗尽精力。

玩耍时间、休息时间、家庭时间

孩子（和家长）经常错误地相信：只要列时间表的时候，不同时把自己安排在两个地方，就不算是时间安排过满。我遇到一些家长这样告诉我：“嗯，我们的时间表安排得很完美，下午三点到四点半在学校篮球队训练，五点到七点在足球俱乐部练习，晚上八点是数学辅导。”我看着那张时间表直叹气，因为这个初中生刚刚在学校待了一整天，接着又要狂跑四个小时，然后筋疲力尽地回家，狼吞虎咽地吃完晚餐，最后再坐下来写作业（这里还省略了一对一的家教辅导）。他没有时间去记忆、消化学到的知识，作业也只是应付一个表面，草草地在作业纸上写几行（希望老师不要注意到他这么差的作业质量），最后在上床睡觉之前，争取省出点时间去发即时消息（这是他的一种放松形式，也是从一天没完没了的活动中逃离的方法）。

丹尼斯·克拉克·波普是斯坦福大学的讲师和“挑战成功”的创始人之一，他给学生、家长和学校管理人员讲解关于孩子需要的 PDF 模式：玩耍时间（Playtime）、休息时间（Downtime）、家庭时间（Family time）。对于三岁的孩子，他所需要的 PDF 很容易理解：在客厅里玩积木、安排合理的睡眠、坐在你的腿上听你读书。同样，中学生也需要有玩耍时间、休息时间和家庭时间，只是和他们小时候所需要的不太一样。

玩耍时间

我们先从玩耍时间谈起。我经常和学生谈起时间表过满的问题，孩子们告诉我：其实他们不想参与某项活动，但他们又知道这项活动对他们的妈妈、爸爸、爷爷、堂兄弟们和姐姐的男朋友甚至家里的宠物意味着什么。尼克属于“创意天才”类型，除了参加乐队的表演和音乐会以外还要游泳。大多数情况下，他爸爸都会去看他训练，有时会在训练快要结束的时候出现。他经常急于对尼克的表现加以点评。从旁观者的角度来看，多数人可能会认为尼克的爸爸是个非常支持孩子的家长（其实，尼克非常厌恶游泳，而且两年前就不想继续游泳了，但他从没和父亲沟通过）。**在尼克的例子里，家长和旁观者都给游泳贴上了“玩耍时间”的标签，而实际上这不是玩耍时间，玩耍是指孩子很享受也很乐意地去做的事情。**

多数家长（比他们上中学的孩子有更广的生活阅历和更宽的生活视角）都认可一个观点：理论上来说，小孩子的主要目标就是做一个小孩并享受他的生活，而不是证明他多有能力。但这个理念没有渗透到孩子们的心里，因为我们的社会宣扬的理念是：越忙就表明你越成功。你有多少次听到成人滔滔不绝地在说他有多少事情要做、多少问题要去处理？孩子们听见这些信息，就会认为自己也能干所有的事情。但是他们隐藏了自己内心的真相：辗转于一个活动和另一个活动之间让他们负荷过重，很少感受到开心和激动。

孩子们需要感受到自己有能力选择如何度过有限的玩耍时间（到某个年龄，他们会很愿意告诉你他们喜欢做什么事情、不喜欢做什么事情）。家长们有时没有意识到参与活动和运动对孩子们所产生的影响。因此你要记住：如果你的孩子在一个活动中实在感受不到乐趣的话，象尼克和查尔斯那样，那就不算玩耍，而是一种折磨。孩子们需要感受到自己是生活的主人，他们可以放弃一些没法确保时间或者感觉不到乐趣的活动。这些男孩子不属于轻易放弃的人，相反，他们开始要求掌控自己的人生。

休息时间

我坚信休息时间对于当今时间表安排太满的孩子来说是巨大的奢望。实际研究表明，今天的孩子比起 1981 年时的孩子，一周少了 12 小时的自由时间。这些过于忙碌的孩子渐渐感到身上的负担好像永远都没有尽头。他们没有足够的时间来充电和休整，也没有完全自由自在的时间。实际上，每项活动都需要相当的能量，包括身体方面的和精神方面的，活动中的每一次“转换”都需要足够的过渡时间，所以活动与活动之间零碎的半小时休息不应该算作休息时间。我一再告诉时间安排过满的孩子，他们需要权衡哪些对自己是真正重要的、哪些可以先放下，给自己多点自由时间，哪怕一天只有一个小时也可以。**他们见到我会比较轻松，因为很少有人（包括家长、老师、辅导员）告诉他们要少做事情，多给自己留些自由时间。**

家庭时间

说到家庭时间，对于处在青少年时期的男生来说，他们的一个重要消遣方式就是找机会和家长沟通（很多家长非常认同一点：在孩子进入青少年以后，沟通的机会很快就减少了）。正如我在第2章所谈到的，在多数家庭里，父子关系和母子关系不太一样，因此他们可能很难有时间沟通彼此的需要，也很难有时间讨论对父亲和母亲分别用哪种方法好、哪种方法不好。同时，他们在父母之间似乎更愿意服从其中一位家长的管教。比如他更听爸爸的话，因为爸爸可能更理解他，让他做自己喜欢的事情，但是妈妈只会担心他能不能考上大学（或者父母的情况正好相反）。家庭成员可能对同一个问题持有不同的看法，比如：如果在参加两项运动和学习乐器之间做选择的话，妈妈和爷爷会希望孩子去参加运动，而爸爸却认为学习一门乐器对智力和性格更有好处。定期的家庭聚餐可以创造自然沟通的机会，即使做不到每天晚上，一周也要有两到三次这样的机会，例如，可以在周日晚上共进晚餐，给男孩子们提供定期的家庭时间。另外，再安排定期一对一的时光，比如可以每个月和儿子远足一次或者去你们俩都喜欢的咖啡馆，那里可以为你们提供一段自在的家庭时间和温馨的交流时光。

在和男孩子的对话过程中，重要的是要提到“感觉负担过重”的话题，让孩子说一说时间表的安排是否对他们合适。男孩子脾气暴躁、易怒、闷闷不乐的原因有很多种，时间安排过于忙碌是其中一个原因（此外还有未能邀到舞伴参加舞会、理了个糟糕的发型、在科学课上被一个可爱的女孩忽视了等等）。

不同孩子对休息时间、过渡时间和户外活动有不同的需求

孩子们休息和调整的方式各种各样。有些安排对某个孩子来讲是负担过重，对另一个孩子来说可能正合适。一位妈妈曾经告诉过我，她是如何意识到儿子（三个孩子中最小的）比他的两个姐姐更容易感觉到负担过重的。“杰姬和坎德斯小的时候，很乐意从一个活动转换到另一个活动。”她说道，“但是我很快意识到罗伯特喜欢一天最多参加一项活动。有一天从学校接他回家后，他问我能否有几天放学后不用去其他地方，直接回家休息。”

类似的，有些孩子能轻易地从学校学习过渡到课后活动然后再过渡到家庭作业。而另一些孩子在两个活动之间需要更多的时间过渡，他们回家后不能马上做作业。**同一个日程安排对一个孩子适用，对另一个孩子就未必适用，即便是同一个家庭里的孩子也是如此。**罗伯特和妈妈一起讨论了他喜欢参加的活动以及希望参与的程度，以便确保他每天都有一段没有任何安排的、自由的时间。

总结

作为家长，你需要扮演的一个基本角色就是创造健康的环境，反过来，一个健康的环境可以促使一个孩子以健康的心态面对新的挑战。

饮食

◎ 选择健康的食物，吃正餐和零食的时间要尽量有规律并且不受干扰。不能忘记早餐。

锻炼和睡眠

◎ 不是每个人都能进入校运动队，但是我们都需要锻炼。鼓励你的儿子找到适合他自己的运动项目。同时，也不要忘记孩子需要充分的睡眠，这是你制定时间表时首先要考虑的因素。

健康的校外活动

◎ 成功的校外活动主要有打工、做生意、小规模的创业以及做辅导员。让你的儿子远离屏幕，尽可能生活在真实的世界里。

情绪稳定

◎ 定期做情绪健康检查，警惕深层的问题，不要拒绝外界的帮助。

不要把时间表安排过满

◎ 现在的一切和你小时候生活的年代已经大相径庭了。对小孩来说，很容易负担过重。通过增加休息时间以及在各项活动之间增加休整和过渡时间，可以帮助孩子减轻压力，让孩子感到更加舒适和自在。

时间安排表

学生名字 ________

日　　期 ________

为了有效地评估你的负荷，请填写下表，信息包括你将要参加的活动和你希望从事的活动。

活动类别	活动说明（下一年）	每周需要的时间（课后）
课程		
数学		
科学		
英语		
社会学习		
可选的（包括世界语）		
校内时间总数		
	活动说明（下一年）	
运动		
音乐 / 戏剧 / 艺术		
爱好		
社区、家庭		
工作		
其他（家教）		
更乐于睡觉		
志愿者工作		
一周时间总数		
本表所涉及的时间		
自己安排的剩余时间（打电话、上网、拜访朋友）		

特别关注：有学习差距的学生

Special Considerations:
Students with Learning Differences

这些年来，我遇到过很多被诊断（或未确诊）有学习差距问题的学生，包括注意力缺陷障碍症 、处理速度问题、执行功能障碍、非语言学习差距问题和阅读障碍。我更加倾向用“学习差距”这个术语而不是“学习障碍”，因为我相信这不是障碍，只是不同的学习方式。教育心理医生在评估一个学生有无学习差距时，经常向我咨询；学校辅导员也不时地向我请教：什么样的班级对一个有学习困难的学生更加适合。因为有这方面的经验，所以我会定期作为学习专家团队的成员，帮助有学习差距的学生。家长、辅导员和心理医生将我引荐给这些有学习差距的学生，他们知道对于这些特殊学生，良好的“任务和时间管理”技能是帮助他们成功的关键。

前面章节阐述的“任务和时间管理”技巧，不仅适用于有学习差距的孩子，而且有助于你和孩子培养发现自己和认可自己的能力。**在治疗有学习差距孩子的过程中，培养条理性和学习时间管理的方法成为其中最关键的部分。**培养探索能力、挖掘自己独特的天赋都是个人成长中最重要的部分，这对有学习差距的学生来说尤其必要。

重要的是要让这些学生理解怎样衡量不同类型的成功，帮助他们在学校和社区中感受到自己的力量。

凯利在他的整个高中阶段都接受我的辅导，尽管他患有注意力缺陷障碍和处理速度问题，存在学习困难，但在社交方面却是个充满活力的孩子。他天生善于交际，是个有魅力的年轻人，在任何情形下，他都可以找到自己的演讲方式。他可以在周日用整整一个下午的时间，先给父亲的篱笆刷漆，然后回家，在前院和邻居玩三个小时的投篮。他是一个出色的公众演说家，天生的领导者，看到他就不难理解人们为什么会为他的号召力所感染。

在接受我辅导后，他在学业上也获得了成功，平均成绩提高了 3 分，同时变得更有条理，能按时做作业，在考试和测验的时候提前复习并主动找老师寻求帮助。

但是由于他住在人才济济的硅谷，他认为自己的成绩还是不够好，所以经常为此焦虑。随着越来越多的朋友进入顶尖大学，他内心很失落，尽管他很努力并有很多的天赋，但他还是认为自己是个失败者。

“你尽最大努力了吗？”一天，当他特别消沉时，我问他，“你认为已经全力以赴挖掘自己的潜能了吗？”

“是啊，”他回答，“但是有时候好像还是不够好……”他的声音越来越低，听上去似乎被什么东西堵住了。

我坚定地看着他：“我认为那也是一种成功。”说完后，我列出他成功的地方：公众演讲能力出色、打交道时使人轻松自在、是真诚的好朋友。他对此感到很吃惊。

遗憾的是，学生们在中学并不会因为这样的才能而获得额外的学分。但在现实生活中，我坚信凯利会获得回报。在他申请大学时，我们做了特别研究，确保他申请的学校具备合适的条件，能帮助他轻松地取得成功。我相信他将来有能力经营一个组织或者管理一家大公司。

家长过度参与带来的特殊挑战

在第 2 章中我已经谈到，家长的过度参与反而会使学生的能力变弱，因为家长在不经意之间传递出这样的信息：孩子自己没有学习能力，也不能出色地完成任务。对有学习差距的孩子来说，家长应该在他们的小学和初中阶段提供特别大的支持，确保孩子能适应学校的生活。家长早期的参与对孩子在学校的成功至关重要。但是，当孩子们渐渐长大，家长们应该理解这样一个事实：最困难的时刻已经过去了，过度地担心反而会导致孩子失败。**在孩子的学业和个人成功方面至关重要的一点是：放手让孩子们自己主动采取行动，让他们尽可能地自我激励。**

几年前，我辅导过一个高二学生艾力克斯，他的妈妈叫梅莉萨。艾力克斯是家里三个孩子中最小的一个，他的哥哥和姐姐都很优秀。梅莉萨很少因为这两个孩子的问题和老师沟通，也从来不需要检查他们的作业。但是她和艾力克斯之间却不一样，他们的谈话最终往往会演变成战争。艾力克斯属于“挣扎型”学生，他在小学阶段被诊断出患有听觉速度反应障碍，一直在考试中得到延长时间的待遇（但他很少采用），在培养“任务和时间管理”能力方面，他曾有一段艰难的日子。梅莉萨从他上幼儿园起，就每天帮他检查作业，并且和老师保持紧密联系，经常一周给每个老师发两到三页长的邮件，事无巨细地陈述孩子在做作业中遇到的困难。多数老师会给艾力克斯及格的分数，哪怕在他作业和表现都不够好的时候也这样，因为他们实在不想面对梅莉萨。

到了高中，艾力克斯变得越来越依赖梅莉萨的帮助，随着功课的难度越来越大，梅莉萨意识到自己没有能力再帮助他了，学习内容也超出了她的能力。更糟糕的是，她给艾力克斯创造了这样一个环境：没有她的大力帮助和支持，艾力克斯就没法做成任何事情，梅莉萨没有让艾力克斯自己迎接挑战，他几乎没有自己解决问题的动力，也很少尝试各种方法。因此艾力克斯变得更加谨小慎微，没有能力应付学业甚至不知道从何做起。

经过一段时间，梅莉萨意识到，自己应该放手让艾力克斯自己做事，停止和老师过于频繁地沟通，让艾力克斯有机会发挥自己的主观能动性。梅莉萨非常担心失败，在后来几年的辅导过程中，多次因为艾力克斯没有达到自己的期望（她认为在她的帮助下可以达到）对老师或者我生气，而不是让艾力克斯看到自己的能力，得到相应的分数，接受由他自己选择而得到的结果。

常有家长因为亲子关系的变化而来我办公室寻求帮助，儿子试图逃离父母一贯给予的过度支持，而家长们也渐渐意识到，他们无法再像以前那样给孩子们提供帮助了。

过于精细的呵护会降低孩子的能力

孩子们在写作文、背诵或处理问题时，很容易觉得孤单。跟其他同学相比，有学习差距的学生可能要更加努力，才能获得相同的成绩和同等的赞赏（也许从来没有机会获得）。这种孤独感会使有学习差距的学生难以全身心地投入到学校和社团的氛围中，让他自如地掌控自己的学习就更难了。如果父母（或老师、辅导员、其他重要他人）总围在孩子身边精心呵护，就等于给孩子传达了这样的一个信息：你没有能力自己完成事情。这样做非常伤害孩子的自我形象。站在孩子的角度想一想：他已经觉得自己不够能干了，如果继续被精心地呵护，等于更加印证了这种无能的感觉。**过于精细的呵护等于剥夺了孩子成长的机会，也阻碍了他们更好地激励自己。**

从培养“任务和时间管理”技巧的角度看，精细呵护也使孩子变得没有效率，因为他们的作业和准备工作一直依赖于外部的认可和支持。如果他们不发展出一套适用于自己的方法，那么就不得不依赖那些对他们精细呵护的人。其实，他们应该尝试各种方法，根据自己的需要做出正确的选择。

召开“如果……会怎样？”的合作会议

我辅导的孩子很快会发现，我感兴趣的事情就是帮助他们找到适合自己并能在生活中使用的方法。为了让学生认可我的观点，我会让他们自己找出成功的方法和措施。我一般只提供建议和可能的方案，最终通过双方的合作，来激励孩子们做出改变，并实行这些方法和措施。

在中学阶段，有学习差距的孩子经常需要学校采取调整措施，以便他们可以相对公平地获得成功。根据个人情况以及来自教育心理测评的建议，这些措施可以从简单（延长考试时间）到复杂（携带个人笔记）。南希·艾利是马林中学（加利福尼亚州的一所私立学校）的学习问题专家。她在辅导学生的过程中，和学生（六到八年级）一起找出切合实际的措施，帮助他们成为最好的自己。艾利说应该和孩子一起商量和寻找这些措施，当孩子在整个过程中处于平等主动的地位时，这些措施才是最有效的。

家长、老师、辅导员以及学习问题专家需要和孩子一起合作，让他们自己找方法去达到学校的标准。不同学校可能会有不同的措施，在有些班级，学生可以提前向老师要笔记；也有些班级，老师指定一个同学课后将笔记借给他；还有些学生被允许延长考试时间，利用午餐时间在一个单独的房间里考试。**最成功的调整措施往往是通过观察得来的，它不仅要满足个人需要，也得切合学生的水平**。在合作会议上，要对孩子放手，让他们根据自己的情况主动说出面临的困难，提出调整措施，鼓励他们说出自己的需求并主动寻找方法来帮助自己。

重新部署、重新休整、重新定位

你和你儿子也可以在家里一起寻找办法，帮助他在学习过程中更加主动。比如说，每周日、周三晚上留出 30 分钟时间，来整理文件和所有有用的作业纸，尤其是当他有执行功能障碍时，更需要这样做；还可以抽时间上网查看一下作业，在计划表上写下所有作业，并再次检查最近是否有测验、考试以及被他忘记或者被抛在一边的长期项目。另外，还可以在家里额外设置一个检查项目，让孩子知道自己有能力对日常事务进行重新部署和安排，这样做可以帮助他减少焦虑并找出自己需要做的事情。和他一起规划学习进度时间表或日常安排表，帮助他找出最好的方案和最合适的措施。

寻求必要的外部帮助

孩子们都知道，在我的办公室，我们可以一起解决学校里遇到的困扰，找出最适合的应对方法，他们将会变得更有条理。原因之一是，学生们在向我提问时觉得舒服，或是在了解某些名词时，可以获得几种不同方式的解释而不是非黑即白的标准答案。我不是他们的同学，也不是兄弟姐妹或家庭朋友，所以，当他们提出一个疑问而这个疑问又是他们羞于在班里问的，我不会评价，不会让他们内心因为问了一个初级问题而挣扎，感到自己愚蠢。除了我的办公室，他们不会在其他场合见到我，所以我们一起讨论的话题都集中在他们遇到的那些特殊困难上，而不会扩散到生活里的其他方面。

孩子们不想在自己最爱的人面前失败，因此随着年龄的增长，父母越来越难以和孩子讨论与学校生活相关的问题。**而老师、学习问题专家或者某些工具所提供的外部帮助可以给孩子们表露脆弱的机会，这种脆弱是他们无法在父母、兄弟姐妹或朋友面前表露出来的。**我常看到，家长错误地以为，因为自己写作好、擅长英语，他们就有能力帮助孩子做英语作业。其实对有学习差距的孩子来说，这种帮助反而可能会让他们的心关闭起来，让他们感到无法表达自己的需要和困扰。

很多学校都提供外部支持，有些学校有学习中心，提供一对一的辅导；也有的社区提供一些便宜甚至免费的咨询，来帮助你做些基本分析；另外，在你居住地附近（一个本地学院）雇一个成绩优秀的学生也是一种选择。不论通过哪种途径，都要确保这样的支持是可持续的（提供帮助的人能定期来，不只在考试前或当你孩子处于恐慌情绪时才来），你的孩子能自由自在地向他提问，并且这个提供帮助的人会和他一起寻找办法，而不仅仅是提供建议。

慢慢放手

教育心理医生简·马克路尔在学习差距领域工作了将近三十年，除了提供教育心理咨询外，她还经常辅导一些高中生（这些学生的家长在无意中成了“直升机父母”），她和这些家庭一起，帮助学生们成功地度过上大学前或进入成人世界前的一段日子。她一贯采用的方法就是，让孩子们列出当下父母、老师或外部资源为他们做的每件事情，而那些事情是在他进入或者离开大学后自己要完成的。清单里包括：早晨自己起床、做午餐、写作业、打印资料、为考试做“学习闪卡”（你的孩子应该自己做）。然后，让孩子自己选两件他在六周或八周后要自己负责的事情，比如：自己起床、做午餐。

马克路尔解释道：关键是要由孩子自己选择两个任务，这样才能让他为此负起责任来。为了确保儿子成功地完成这些任务，家长可以做很多事情（比如买个闹钟或者和孩子一起设计一顿简单午餐的流程），但关键是要让他们自己去做，允许他们去体验调整新的日程安排过程中所经历的磕磕绊绊。当那些习惯被逐步纳入了孩子们的生活，就可以选个新任务继续完成，这样可以逐步提高他们的能力。

父母通过逐步地放手，并停止给予不符合孩子年龄的支持，就可以让孩子学习靠自己的努力来获得成功。

学习差距的心理后遗症

有学习差距的孩子时常士气低落，因为他们和自己的同伴们相比总是不够好。即使他们能够理解新概念，想出好主意，但还是需要一段艰难的时间才能看到结果。对有些孩子来说，写出一篇作文几乎是不可能的，而对另外一些孩子来说，记住地理考试涉及的知识可能需要几年的时间。他们常常感觉自己考得不错，因为他们认为已经学会了所有的内容（这么用功学习！），但是拿回来的成绩却比期望值低很多，所有这些信息混杂在一起，让他们感到困惑，他们试图弄明白自己到底是聪明还是白痴。每当自己掌握了知识并在学习过程中积极主动，他们就觉得自己是聪明的，一旦成绩不理想，又觉得自己一无是处。有的时候，孩子们因为在学习新课程的时候遇到困难而来到我的办公室寻求帮助，当我们一步一步地学习这些看似复杂的概念时，我发现他们完全有能力理解这些信息并掌握相关的内容。

来自核心家庭以外的持续肯定

每个孩子都需要持续的成功，参加活动或者社团让他们很享受并感觉良好，在那里他们可以体验成功，这对有学习差距并且通常无法在学业上体验到成功的学生来说尤其重要。对这些孩子，完成课堂作业、考试和测验都是挑战，因此发现他们擅长并乐意去做的事情很重要。如果能了解他所期待的事情或者那些能让他感觉良好的活动（比如：制作飞机模型、某项运动、演奏乐器或参与社团活动），那么就更容易激励他面对课堂上的挑战。

有非语言学习障碍的孩子可能有社交孤独感，会产生焦虑，也无法在课内和课外集中精力。孤独感会造成精神打击，并且会影响他们的“条理性以及时间管理”能力。对这些学生来说，参加社团会有帮助，找到有类似困难的同伴，可以使他们获得父母、亲人之外的肯定。

寻找并反思成功的方法

有些学生因为教学方式没法契合他们的学习风格而一直纠结，但还是有很多适合他们的方法能帮助他们发挥在作业或某项任务上的个人潜能。学生们第一次走进我办公室的时候，我们会一起回顾他们过去采用的条理性策略和学习方法，然后，依据他们当前的状况进行修正。**为了激励那些在学业上困扰已久的学生，关键是要让他们尽快地获得成功**。成功之后，他们会思考自己是如何获得成功的，要鼓励他们重复这些方法。

我们一次只尝试一种特殊方法（很多在第 8 章已经论述了），看看是否可行。如果可行，我们会回顾这次成功：为考试制作“学习闪卡”相对于以前的方法是如何帮助你的？在截止日期的前五天就开始着手是不是能帮助你更好地构思自己的作文？将小说作为听力材料来听是不是减少了你的压力？用这个方法，成功就不神秘了——它既不神奇，也不偶然。孩子们看到这些方法是起作用的，就会期望以后还可以达到类似的好结果。

关注学习习惯和每一步成功

对任何学生，尤其是对有学习差距的学生而言，必须首先关注学习习惯而不是考试分数和级别。成绩的提高可能需要一段时间才能明显看到，尤其是遇到执行过程中有多次反复的情况，时间会更长。这是事情发展的一个阶段，在开始的时候，每一件事情都进行得很顺利，然后会出现小的退步，之后再重新开始。这就是为什么在连续调整的过程中要保持一定的间隔（我之前提到的：一周两次），这样才能在正常的执行进程中最低限度地减少中断的情况。最终，通过不断重复、坚持和巩固，直到有一天将学习习惯内化为日常生活的一部分，然后可以由学生们自己来挑选他们之前没有养成的其他学习习惯，并将它们逐步纳入自己的生活。

马克来我这里已经有一年多了，但他的妈妈还是对他时好时坏的表现感到灰心。尽管马克现在所缺的作业少了很多，也很少出现缺作业的情况了，但他对某些课程还是感到有困难，不能按时做作业。在玛丽和我交流的过程中，她诚恳地反思："一年前，如果他所有的课程都及格，我就会很满足。而现在他通过了所有的课程，我不再为此担心了。这本身就是很大的进步。"

她意识到马克在条理性和学习习惯上取得了明显的进步，而且他的成绩有了很大的提高。虽然他仍然面临着困难，还有一些功课是 C，但是通过学习习惯的改变，他已经进步了很多。玛丽回顾这段日子后，开始认识到儿子已经取得了相当大的进步。

制定合理措施

当我辅导学生时，会针对他的个人需求拿出最适合他的解决方案。如果我仅仅告诉他们，怎么做可以变得更加有条理、变得更善于管理时间，他们多数会奇怪地瞅着我，好像我是个怪物。**无论在学校还是在家里，和孩子一起找出适合他的学习方法和调整方案，可以让孩子在这个过程中产生平等的感受。**

通过不断重复、坚持和巩固，直到有一天将学习习惯内化为日常生活的一部分，然后可以由学生们自己来挑选他们之前没有养成的其他学习习惯，并将它们逐步纳入自己的生活。

我希望你儿子所在的学校也允许学生参加有关调整学习措施的会议，让孩子的意见和声音被真正地聆听。毕竟这些措施的目的是帮助孩子在学校更加成功，而非其他。会议期间，鼓励你的儿子发挥主观能动性，从本书中整合出“任务和时间管理”的技巧，在适当的时候放入自己的调整措施里。比如，汤米在接受我辅导的时候，是七年级学生。经过辅导之后，他学会了如何整理文件夹以及如何使用计划表，并将这些方法结合起来融入自己的日常事务，运用在每天一节的补习课上。

找到符合他们水平的方法和策略

在和学校一起讨论调整措施的时候，尽量不要超出他们的需要。我打个比方，家长们走进办公用品商店时，总想买最贵、最复杂的商品，以为这样才会带来全新的改变。事实上，最基本、最简单的措施反而是最有效的。把合适的工具和方法作为资源（而不是成为负担），让孩子们自己创造成功，那么，实现目标后所体验到的成就感会让他们勇于接受更大的挑战。

举个例子，有阅读障碍的学生掌握语言有一定难度，因此使用听力材料就可以降低这些难度并且还可以大大提高理解力。我曾辅导过一个有阅读障碍的学生，他对当众朗读小说有障碍，我经常建议他一边听材料，一边在书上做注释。采用这样的方法，他可以主动阅读，并且通过一边阅读一边聆听来提高理解力。

调整措施的难度超过孩子们的能力会额外增加他们的困扰，会让他们同时面对太多的内容和要求。例如，如果允许他在考试时延长时间，那就要想想在学校如何安排才对他最好（比如：找到最佳时间和地点），同时向孩子了解他认为怎么做最有效，看看如何根据他的需要做出合适的调整。另外，对某些孩子来说，下课以后从好朋友那里借笔记比从老师那里要更好（或者情况相反）。在有些班里用录音机确实有效果，对另外一些班级可能就不必要。要根据具体的情况来做相应的调整。

重要的是，让你的孩子在所有的决策方案中扮演主动的角色，确定怎样做才能让自己的生活变得更加容易以及如何将它们整合到自己的“任务和时间管理”策略中。

保持沟通

我辅导的一个高一学生，名叫丹尼，患有自闭症，在当地一家公立高中上学。他在普通班上课，但是会在补习班里完成作业。他在课堂上用专业的文字处理键盘来记笔记，并且有固定的格式和程序（这一点对自闭症的孩子很重要）。丹尼一周来我办公室三次，接受额外辅导，他在“任务和时间管理”技巧上的成长很快，在整个第一学年里，不论是学业还是其他，他没有任何退步，他父母也认为这是巨大的成功。

然而，第二学期期中，丹尼的历史不及格。他很努力地在计划表上做记录，偶尔也把历史作业带过来，但是成绩却不理想，这让我们很困惑。后来才知道是历史老师改变了上交作业的格式，他要求学生每两周交一次作业，但是却忘记将这条信息放到网上或是告诉家长和我们。

丹尼被新的交作业方式弄糊涂了（被要求一次提交这么多内容，而不是分成一个个小作业），他倍受打击，因为他不知道该怎么应付新的变化。由于我们不了解情况，所以也没有主动帮他找出解决办法。一到周末，丹尼就有很多事情需要急着去处理（他的家长发现孩子历史不及格，也承认自己替他做了一部分，但没有全部做）。如果大家更加主动地沟通，就能很容易地避免这种情况。

这次意外之后，我们所有人（家长、老师、讲师、辅导员）都被放到邮件列表里，来保持定期的沟通，以避免丹尼感到无助时所发生的那种情况，另外，我们还和他一起将一个大的任务分解成几个容易掌控的小任务。

分解任务并逐个完成

在第 8 章里我谈到，怎样将一个长期的项目分割成一个个简单易行的小任务，这对多数男孩来说都很重要，可以减少他们面对一项艰巨任务时的压力。对于有学习差距的学生来说，这种方法尤其重要。如果接受了一项艰巨的任务，比如，两周之内阅读完一篇小说，那么就先将它进行分解，每天读 25 页，并且用有声读物边听边读。另外，采用“积极阅读法”（在阅读的时候，把重要的地方用颜色突出，最后花 5 分钟做笔记）会很有帮助，当一项作业被分解成一个个小任务而不需要一次性完成的时候，就会更好对付。

对于有非语言学习障碍的学生（比如，对一项英文作业的想法并不少，但是如何组织这些想法对他们来说颇有难度），如果利用作文大纲（详见第 8 章最后），让他说出自己的想法，然后请他人帮忙整理他的思路，就可以避免引起焦虑。**对于处理速度慢和**

说话不流畅的学生，需要确定哪些阅读由他们自己完成，哪些需要借助有声读物将任务进行分解，逐个完成。例如，如果一个学生在课堂上能顺利地阅读一至两份讲义的话，就不需要借助库兹韦尔阅读机或其他技术工具；而对于阅读小说或课本，则需要使用有声资料（如果有的话）。

增加额外的缓冲时间

每当学生们抱怨自己比同伴花更多的时间才能完成一个项目时，我会告诉他们，每个人都会对生活中某一领域的东西感到非常困难，而在其他领域中感到得心应手，寻找两者之间平衡的过程，就是逐步挖掘个人潜能的过程。如果他们在某些领域中特别擅长，比如说话、运动、音乐、领导力、艺术等，就让他们回想一下自己在施展这些才华时那种应对自如又很享受的感觉，这样做会对他们非常有帮助。

对有学习差距的学生而言，两个小时可能不足以完成当晚的作业。他们需要更长的时间完成作业和考试前的复习，这主要是由于他们的阅读方式、对信息的逻辑思考和加工处理方式不同所造成的。让患有注意力缺陷障碍症或注意力缺陷多动障碍症的学生坐在那里，将注意力保持 25 分钟以上是不可能的，尤其是在最初的时段。所以和其他同学相比，面对同样的作业量，为他们提供额外的缓冲时间和周末更多的整块时间是很有必要的。

我辅导的患有学习差距的高中生，每次需要三小时学习时间段，周末再加上三个“两小时学习时间段”，才可以完成功课和其他作业，此时就不能再使用之前章节提到的“两小时学习时间段”

的方法了。对有些学生来说，可能很难让他们相信，花这个时间就可以完成他们认为有压力的作业，正因为如此，找出适合他们的方法和策略就显得非常重要。当一个有学习差距的男孩发现这些方法可以帮助自己成功时，他就会激励自己复制这种成功，这时再加点时间就不成问题了。

对于患有执行功能障碍症或注意力缺陷障碍症的学生，需要不断重复和多次的中断，所以每天晚上需要留一点时间检查文件夹、计划表，整理作业，对作业进行分类，并把这些工作当作日常生活的一个基本组成部分。对很多这样的孩子，定时器是个必要的工具。比如，在你儿子开始做作业之前，用定时器设置20分钟，将这段时间用来整理文件夹、反复检查重要的作业，确认所有的作业都包含在计划表里，并将作业所用到的材料都放到手边，这样就可以避免在心烦意乱的状态下完成作业。

执行过程中，孩子可能需要比较频繁的休息，这时可以先定时15或20分钟，这段时间内专注于某项任务，这样有助于他提高注意力。一旦他渐渐专注到任务中，就可以做完以后再休息，20分钟过后，再完成10分钟的数学作业。这时候如果他想继续做，当然更好。如果不想做，就给他5分钟的休息时间，站起来到处溜达溜达，然后再重新开始。

在我的办公室，很多学生会比约定的时间提前到，我们就利用这段时间让他们在线检查自己的作业，并且把文件夹都整理一下。我们有一个储藏柜（他们很容易够到），他们可以把打孔器和孔贴以及其他材料放进去，这样有助于他们在会面之前整理好自己的文件夹。对很多学生来说，有一个全新的开始可以帮助他们减少焦虑、变得专注。

制定学习进度表是一种激励但要适度

在这本书里，我已经讨论过时间表安排过满对学生的不利影响以及它是怎样影响一个学生的吸收、反应和处理信息的能力的。尤其对有学习差距的学生来说，它更是一种额外的负担。了解当前班级的水平，尤其是中学的高级班或者超前班的水平，非常重要。

我在辅导学生和家长的过程中，首先会考虑学生的进度表，让他们认识到平衡的重要性。比如，如果一个学生有处理速度问题和说话流利程度问题，又想上几门含有大量阅读的课程，那么他可能会做这些功课，但是由于作业负担太重，没有时间进行户外运动和休息。在应对挑战和成功之间找到平衡是很复杂的。每周要完成 300 页的阅读，一周要交几篇周记，这样的进度表可能会压垮孩子，它对于一个有阅读障碍的学生来说，反而达不到预期的目标。

与辅导员、学习问题专家和学生一起采用时间管理表（第 212 页），可以帮助你和你的儿子根据他的优势和劣势确定合适的课程，这也可以让你的儿子更加有效地运用“任务和时间管理”技巧，因为他要制定一个可行的而不是超负荷的进度表。

关注优势和劣势

查理是高一学生，几年前第一次走进我办公室时，他有阅读困难，同时还被诊断出患有学习差距，包括执行功能障碍和记忆问题，他在学业上存在困难并且对自己的学习缺乏信心。小学和初中阶段的学习并没有为他在学习技巧和方法方面打下良好的基础，所以他很挣扎地度过了高中的最初几个月。

在办公室里，我们提前做好了检查清单表和“学习闪卡”，并设计了列有休息时间的学习计划表。他很快就进入了状态，甚至不需要督促就提前做起了作业。尽管和他的同学相比，他完成作业要花双倍的时间，但我还是能从中看到，“任务和时间管理”技巧成功地激励着他不断进步。到第二学期开始的时候，他一切都进入了正轨，知道了自己如何在学校里获得成功，也能有效地安排好作业和应付考试。

查理的成功离不开运动和朋友。他喜欢运动，也深受同伴们的喜爱。他妈妈认为既然他擅长运动，就应该鼓励他通过运动来释放自己的激情。春天的时候，他决定加入长曲棍球俱乐部，一周训练两次，每次 45 分钟，同时还加入了高一棒球队。很快，查理一周的运动时间就达到了 25 个小时，他来我办公室时，筋疲力尽，很难集中精力，也没有时间做作业，这让他颇为苦恼。起初，对“任务和时间管理”做出的调整开始让他看到了成功，但现在这个安排表却阻碍了他继续进步。短短一个月，他的成绩一落千丈，这个学期剩下的日子，他都在调整自己重新进入正轨。

人们通常喜欢发挥自己的强项，因为比起自己的弱项，发挥强项更加容易。有学习差距的学生和大家一样，当他知道在某些活动（那些更加让他享受的活动）中更容易表现出色的时候，为什么还要参与那些努力很久才能带给他一点点成绩的事情呢？和查理一样，你儿子的一个微不足道的成绩可能是努力了很久才获得的，但是他在战胜困难的过程中得到了经验和教训，在努力的过程中获得了自信，磨炼了性格。很少有青少年愿意放弃两次户外运动而花时间去制作“学习闪卡”和制定复习计划，因此身为父母的你需要做个艰难的决定：鼓励你儿子在自己存在困难的领域和自己擅长的领域中付出同样多的努力。

发现教育机会

当丹尼遭遇了历史作业的挫折后，他走进我的办公室，低着头，看上去灰心丧气，他知道自己做错了，和大多数的孩子一样，他希望自己能做得好一些。我知道如果在这个时候用严厉或者强势的态度对待他并告诉他哪里做错了，那么效果会非常糟糕。那样的话，他会完全垮掉，没法完成作业，变得生气、沮丧，觉得没有什么目标可以再实现。与此相反，我们研究出一个方案来帮助他重新回到正轨，把落下的作业全部补完。我们要做的就是不带情绪，也不生气或失落，只是说:“好了，目前的结果比期望的要低些，让我们看看怎么能挽回局面吧！”一周以后，我们一起反思，通过讨论“到底发生了什么？怎样才是更好的选择？如何避免类似的情况再发生？”等问题，将这次经历变成了一次教育的机会。

不管“任务和时间管理”的策略制定得多么完善或者设想得多么好，总会遇到冲突和中断的情况，将这些“点”视为契机而不是带着情绪去指责，这样可以帮助学生们在挖掘他们潜能的过程中取得长期的进步。

总 结

整本书中阐述的方法和策略，不但适用于那些有学习差距的学生，而且也将为你和孩子发现和认识自己的潜能奠定基础。记住：

避免过度参与。

◎ 你需要对孩子进行有效的支持，但最终主动权要交到孩子手里。

要了解学习差距在家庭和同伴的帮助下是可以减少的。

◎ 衡量有学习差距孩子的成功，可以采用多种方式，比如他们通过找到适合自己的学习工具和窍门之后所产生的自信，就是一种成功，而不仅仅是看到他们得到更好的分数。要关注孩子的优势和劣势，发现能让他进步的契机。

正确、合适的方法是关键。

◎ 和你孩子的学校合作，确保他获得最好的帮助和支持。最成功的调整措施往往是通过观察而得到的，它不仅要满足个人需要，而且也应该切合他们的水平。

特别关注：单亲父母、分居、离婚、两个家庭

Special Considerations: Single Parent/Guardian, Separation/Divorce, and Two Households

当孩子们的生活状况发生改变或处于动荡不安的状态时，他们会觉得对生活失去控制，从而感觉压力很大。我辅导的学生中，有的就处在一种复杂的生活状况下，这种动荡的生活状态经常影响孩子的“任务和时间管理”能力的发展。**成人未必能体会这种复杂的生活状况给孩子带来的压力，因为孩子需要在两个家庭之间辗转，而成人一般只待在同一个地方。**孩子们所遇到的生活状况各有不同：有的学生父母刚分居或者离婚很长时间了，有的学生因父母再婚有了新的兄弟姐妹或是居住环境发生了变化，也有些学生长时间在单亲父母和祖父母之间辗转，还有少部分孩子和养父母或另一个监护人一起居住。

无论孩子处于哪一种状态，重要的是对他们的情绪、身体和遇到的困难保持高度的敏感，因为这些涉及孩子的全面发展。成人无意中忽视了家庭状况的改变给孩子所带来的影响，往往等到他们出现多次不交作业、考试成绩变差、GPA 全面退步或者渐渐对学校失去兴趣的情况时，家长们才重视起来。

家庭变化可能引起巨变

几年前，一位父亲给我电话，说他儿子性格孤僻，在学校里不再像以前那样积极，这让他很担心。他儿子是高中二年级学生，各方面一直不错，但在几周前，开始出现不交作业、数学考试不及格的情况。由于儿子的成绩可以在线查询，这位父亲通过网络了解到情况，希望能找出背后的原因。

“你的家庭生活最近发生了什么变化吗？”我问道。

“嗯，最近生活有些忙乱，”这位父亲承认，“我岳母生病有段时间了，最近刚搬来和我们一起生活。她无力再照顾自己，而且已经到了生命的最后阶段。虽然经济能力许可，但妻子和我还是不愿意由别人来照顾她。”这位父亲继续解释，他和妻子正努力使一切尽可能地平稳过渡。

“这件事情带给我们很大的压力，”父亲承认，“我们全力以赴地照顾她，但她确实需要全天候的看护，虽然有护工每天来家看护五六个小时，但一切还是很不容易。”

“这些事情发生时，你儿子在哪儿？”

“他大部分时间都待在自己的房间里，关着门，我们觉得他可能在做作业，但是也没法保证他一定是在写作业，看到现在的成绩，我们不太明白到底发生了什么。因为外祖母一般坐在客厅隔壁房间的长沙发上，所以他觉得在客厅做作业不舒服，他现在也很少走出房间吃晚餐。因为孩子小时候和外祖母非常亲近，所以我觉得看见外祖母病成这样，他有些难以接受。”

我们谈了一段时间之后，父亲开始意识到儿子正在经历情绪上的困扰，看到深爱的外祖母健康恶化以及她的病情给家庭带来的压力，他感到心力交瘁，这些困扰使他难以集中精力。儿子对学业不感兴趣，其实是承受巨大生活压力的表现，包括家庭和生活状况的改变以及外祖母健康的恶化。

有了这个新发现，父亲不再关注儿子是否交作业，而是转而帮助他处理心理和情绪上的困扰。那天晚上，父亲和孩子进行了一次沟通，谈话中孩子承认家庭状况的变化给他带来了压力，他们一起讨论了发生在家里的情况以及改善的方法。儿子说出了内心的恐惧之后，感觉舒服了很多。他们决定采取措施，一方面儿子同意和学校的心理医生见几次面，讨论应对方法；另一方面家里也做些相应的调整，让他晚上在自己房间以外的某个地方做几小时作业。另外，儿子决定一周去几次图书馆，给自己换一个不一样的环境。虽然这个学期接下来的日子还是很艰难（外祖母在他父亲和我通话后的一个月里去世了），但是他已经能正视自己所面对的情绪挑战，也有能力调整好自己，父母也理解了他难以集中精神的原因。

任何家庭的变化（无论是有亲人搬进来还是搬走）都会带来情绪上的挑战。孩子身在其中，他们所承受的压力也是不能忽视的。这种压力可能引起他们心烦、孤僻、无法全神贯注，做作业也不再是最重要的事情。任何形式的家庭变化都会给孩子（尤其是在“任务和时间管理”上有困扰的孩子）带来压力，承认这种压力，并给予恰当的关注有助于父母帮助孩子寻找到方法，以适应他们当前面临的变化。

分居和离婚

美国的离婚率已经不再升高（已经于1980年达到峰值），但仍然有大约一半的婚姻最终走向解体。虽然许多离婚案不涉及孩

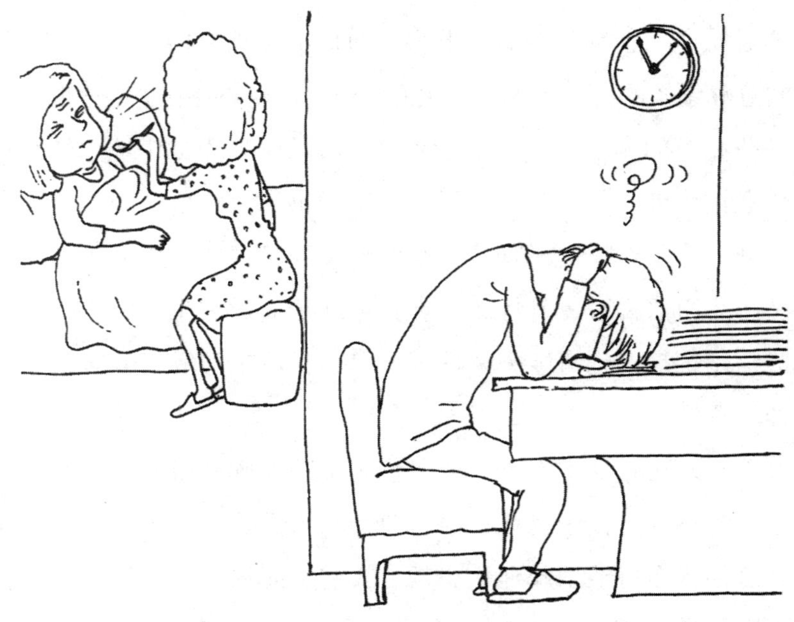

任何形式的家庭变化都会给孩子带来压力，承认这种压力，并给予恰当的关注有助于父母帮助孩子寻找到方法，以适应他们当前面临的变化。

子，但正经历父母离婚过程或离婚后在非传统家庭中生活的孩子还是挺多的。

值得提醒的是，离婚对于那些有“任务和时间管理”困扰的男孩子来说，是个特殊的挑战。研究表明，孩子在经历父母离婚的早期痛苦阶段（即一个家庭分裂之前）时，更容易面临学业上的困难。我将在第 12 章阐述严重疾病将怎样影响一个原本有条理的男孩。同样，我们也不必为家庭分裂早期过程对孩子的影响感到惊讶。因为从某种意义上讲，一个家庭既然已经无可避免地受到了伤害，那么家庭中的每一个人都需要时间去适应新的情况，生活将永远不会像以前一样了。

麦克第一次来我这里时，是公立高中一年级的学生，他母亲担心他的“任务和时间管理”能力。他看上去有些颓废，对学校生活也感到索然无味。他的文件夹乱七八糟，他也很少执行自己的计划表。初见麦克时，他看上去有些沮丧，当我开始和他聊起生活中发生的事情时，他才渐渐活跃起来。

麦克兴趣广泛，从吹小号到陪爷爷奶奶一起散步，他都喜欢。爷爷奶奶和他住在同一条街上，是他非常崇拜的人。虽然麦克经常找不到作业，也不喜欢考前复习，但他真诚地希望一切秩序井然。我最初认为他不喜欢这个新学校，但很快发现他已经适应了新环境，并有了自己的朋友圈，在学校里有了归属感。

在最初的几次谈话后，他不太情愿地提到父母最近离婚的情况，父亲已经从家里搬走了。麦克的妈妈在第一次通话中没有和我提到这个情况。我认为多半是她因离婚受到伤害，正经历着艰难的时刻，需要面对离婚给她生活方方面面带来的影响。她没有告诉我这个情况，也没有把儿子生活发生的重大变化（姐姐离家去上大学和父母离婚都发生在最近八个月的时间里）和离婚对儿子的影响（包括对他的能力、他的学习以及交友渴望的影响）联系起来。

当我开始辅导麦克时，他给自己设了目标，渐渐变得有条理起来，重新启用他的文件夹和计划表来管理生活，也很少看到有作业纸被压在书包最底下的情况。起初，他周末待在父亲家，这个新公寓的家具还很少，甚至没有一张桌子可以让他做作业。麦克承认这种安排给他带来了困难而且无处宣泄情绪，于是，我们一起想出解决办法，尽力让他更容易地完成作业。他母亲过去以为他是由于对新学校不感兴趣，实际上他是因为知道家庭解体，内心深处感到失落和悲痛。

我们尝试了几个不同的方案，最终他同意在周五下午去父亲家之前尽力做完作业，剩下的部分留到周日晚上回到母亲家以后再做。他承认在母亲家时感觉更舒服（她母亲留在他们以前的家），而且他不喜欢待在父亲的新公寓，因为他父亲大部分时间都在看电视。但因为这是父母已经讨论好的方案，所以麦克觉得还是不得不去。

高二时，麦克拿到了驾照。这样他在两个家庭之间辗转更加方便了。拥有一辆车带给他掌控自己生活的感觉，尤其当他在两个家庭之间穿梭时，也有了一个放东西的地方。他还是在母亲家做完大部分的功课，但他会带着书包去父亲家，这样有机会时也可以在父亲家做。在父亲的公寓里，他找不到其他事情可做，所以也可以做作业。那时，父亲已经买了一张餐桌，所以只要麦克愿意，他在哪里都可以做作业。

麦克和其他在两个家庭之间辗转的男孩所遇到的最大问题之

一是，当他们有一个以上的家时，很难记住事情。他们很少随身携带所有的书，没法记住是在哪个家使用的电脑，所以也不记得哪台电脑里存着要交的作业。他们没法记住自己的运动包、午餐或者签字条落在哪辆车的后座上，不记得要钱买昨天英语课上要求的练习本。在容易过敏的季节刚来时，不记得呼吸器放在哪里（哪个家庭的床下），忘记离家上学之前整理床铺（因为那只是父亲家的规定）。对很多这类学生来说，学校的前台变成了失物招领处和物品暂存处，里面有书、作业和其他物品。

针对离婚家庭，应关注抚养计划

专家们已经形成了一个共识，就是一旦双方同意离婚，就必须商定一个详细的抚养计划。事实上，很多州都要求在离婚前有一个抚养计划并作为法定监护契约的一部分。这些计划一般都是（也应该是）极其详细的，列出了父母双方分开后应该如何通力合作、共同抚养孩子的所有细节。

许多书都详尽地提供了怎样制定抚养计划的细节（包括如何制定具体的细则，如何既保持灵活又避免一般性错误），但根据我的经验，它们很少关注基本需要之外的学业需要（谁付学杂费、谁来参加家长会和学校活动），详单中也没有涉及在哪里做功课、学习空间要怎么布置以及针对缺乏条理性的男孩的一些关键应对措施。

下面的章节将仔细探讨在两个家庭之间辗转的男孩所面临的条理性方面的挑战。**当父母双方决定共同监护孩子，并正在制定抚养计划（特别是当你们的儿子存在“任务和时间管理”上的困**

扰）的时候，应该确认计划中包含了学习时间、学习地点以及“任务和时间管理”策略等细则。这些细则要成为两个家庭体系中的一部分，当一方发生变动时，要确保和条理性相关的重要细节在另一个家庭中也同步更新了。如果你发现这里涉及的很多话题（比如在两个家庭之间转换以及两个成人之间的沟通）已经包含在你的抚养计划中，就只需要做些细微的调整，来适应你儿子在条理性方面的成长需要。

请记住，共同参与抚养的双方要以身作则。孩子正在关注你们俩是如何克服当前的困难的。如果你们在他面前展示出条理性是日常生活的一部分，是度过困难时刻的关键法宝，那么这将对你儿子产生很深的影响。每个家庭的情况是独一无二的，有些监护方案可能比其他家庭的要复杂得多。但是，不管怎样，采用“任务和时间管理”技巧，可以减轻家庭分裂所面临的巨大挑战。

贴士

不论新的时间表是什么样的，都应该包括写作业的时间安排，孩子们也需要记住它。当成人对时间表做出变动的时候，多数孩子为了努力取悦父母而不会告诉父母：这样的改变让他们崩溃，也让他们常常不记得某一天该去谁的家。

两个家庭所面临的挑战

父母有时很难意识到，当孩子花很多时间去适应两个不同的家庭时，需要面对更多的条理性挑战。当两个家庭有明显不同的生活方式时（例如，当母亲还是单身时，再婚的父亲有了新宝宝；妈妈和外祖母对家庭规则无法统一），会在很多方面存在差异，很难保持一致。这里为家长提供了几种方法，父母双方可以共同帮助儿子在这种动荡环境中感受到对自己生活的掌控。

在写这本书的过程中，我曾采访过一些家长和学生，这些家庭在处理这类棘手问题方面很成功，他们放手帮助儿子独立，同时也教给儿子一些在两个不同家庭之间保持平衡的方法。每个家庭在如何分配轮换时间以及安排细节（比如关于过夜和足球联赛）方面都不尽相同，但是通过合作，一定可以创建一套对孩子和大人都可行的办法。

不同家庭孩子的生活状况是不一样的。有些家庭父母双方对孩子的抚养时间是一样的；而有些家庭是一个家长周末照顾孩子，另一方家长在剩下的日子里照顾孩子；还有些家庭的祖父母会在孩子的生活中扮演重要角色，他们每周有几个晚上负责照顾孩子；此外还有些家庭指定某几个晚上在哪个家里生活；也有的家庭是每天轮换（我一般不建议这种做法）。不管是什么样的情况，他们都成功地度过了好几年。**处理这个事情没有标准答案，父母双方能做的就是帮助孩子更容易地在两个家庭之间转换。**

我第一次辅导杰米时，他看上去对学习不感兴趣，别人也很难去责备他，因为他父母离婚不久，他也刚开始规划自己要如何适应新的初中学习。他的父母共同承担监护责任，杰米在每个家庭待的时间几乎一样，他不停地在父亲家（再婚，又有了新宝宝）和母亲家之间穿梭往返。当我问他如何给自己的重要事务安排优先级时，他回答："即时信息、短信、妈妈家的新狗和滑板。"当我向他了解如何完成作业的时候，他承认自己几乎不写作业。他没有一个专门的时间安排表提醒自己什么时候该去谁家。由于母亲频繁出差和父亲的工作计划，他的生活安排总是在变。更糟糕的是，当他待在其中一家时，常发现自己将重要的课本、作业和电脑落在了另一个家。

他母亲带着他向我寻求帮助。她过去是设计师，相当地有条理。母亲希望杰米能把作业做好、更有责任心，但是她不知道该如何帮助儿子找到一套方法来帮助他适应当前两个家庭的状况。杰米的父亲对作业和学习宽容得多，起初他对这个方法非常抵触，他认为杰米已经做得挺好，他是个典型的男孩，功课不是大问题。在父亲家里，杰米甚至没有固定的地方做功课，客厅的桌子上堆满了纸，卧室里又没有书桌。厨房里总是充满了噪音，大家忙于照顾新宝宝，常常突然冒出尖叫声，使杰米没有安静的环境可以全神贯注地学习。

一个周一的下午，我辅导杰米，他终于受不了了。杰米有一个大项目需要在周四完成，但他不知道周三应该待在哪个家里。因为这个项目所需要的材料都在母亲家里，父亲家里没有。当我们要求他列出这一周的时间表时，他突然落泪了，在这个时候谁又能责备他呢?

六个月后，杰米的父母一起重新协商，具体规划孩子每一个晚上该待在哪个家里，这样就不至于总是让他感觉处于动荡的状态。周日晚上，杰米拿出计划表，花上 15~20 分钟做计划，根据下周每晚住在哪个家庭来决定是否携带他的足球鞋、运动衣和长号。虽然有时候还是会出错，有些困难也并非总能预见到，但杰米感到自己总体上可以掌握时间表了，这张时间表既让他有机会开始思考自己设立的目标能否达成，也给了他更多放松的时间。

杰米的父母有不同的生活方式和状态，杰米和我一起列出了去每个家需要携带的东西，这使他可以更有条理地做准备，也更有利于他完成作业和考前复习。杰米在母亲家时，在客厅的桌上做作业，这是一个很安静又不很隔离的空间，也没有让他分散注意力的东西（比如电脑）。在父亲家时，他们清理出楼下的一个房间，使杰米大部分时间可以远离新宝宝，那个房间可以存放相关的学习资料，还安置了一张书桌。因为他的课本太重了，难以随身携带（因为大多数初中生在学校没有自己的储藏柜），所以他父母同意再买一套课本，这样每个家里都有一套。

杰米的父母了解到在日常生活中做些改变，就可以使他不必因为在两个规则不同的家庭之间转换而困扰。两个家庭最终达成了一致，杰米一次做作业两个小时（每次休息 30 分钟），在工作日不看电视、不玩电脑游戏，做完作业之后，杰米可以将时间用在电脑上或者和住在附近的朋友一起闲逛。父母双方都认识到，只要杰米预先清楚会发生什么事情，并且两个不同的家庭在某些方面有相对固定的模式，那么在两个家庭之间转换就不会带给他太多的困难。

在两个家庭生活的注意事项

下面的方法可以帮你的儿子步入正轨并培养他的责任心。我相信这些策略与抚养双方配合时所采用的方法是契合的。

备份基本的工具和学习用具

杰米感到最困难的一件事情就是不稳定的生活状态，父亲家不像母亲家那样有足够的文具。所以当杰米在父亲家做作业时，如果有一项作业需要胶棒、手工纸、马克笔的话，那他就无法完成作业。后来，父亲在他房间里安置了书桌，准备了必要的文具，从而减轻了杰米的负担。

有些家长问我买两套课本是否值得，我的回答是，根据孩子的需求来决定。对有些学生来说，特别是那些较低年级的学生，买两套课本特别有帮助。如果经济条件许可，准备两套课本（二手书在网上买比较便宜，还可以在学期最后再卖掉），这样就可以减少把书从一个家庭搬到另一个家庭的麻烦。很多初中生和杰米一样，没有储藏柜，因此需要每天带着所有课本，这对他们而言是很大的负担。需要注意的是，如果老师要求学生们在课本上记笔记，那么有两套课本就意味着在两本书上记笔记，在这种情况下，上面的方法就不再适用了。

制定一致的轮换计划

安德瑞的家长在他七岁时离婚了，他母亲后来再婚。安德瑞现在是高中一年级学生，他父母轮流对他进行抚养，周日到周一住在妈妈家，周二、周三住在爸爸家，周四住在妈妈家，周五和周六晚上则在父母家轮流生活。当我第一次听到这样的时间表，我以为安德瑞会被这种频繁的变化搞晕，但他没有。他很快（特别是对一个新生而言）运用条理性方法，来激励自己达到目标，在学校表现得很出色。

他成功的一个原因就是，他和父母制定了让两个家庭都能保持一致的轮换计划，既灵活又涵盖了安德瑞的需求。每天，他带着所有自己需要的东西，放进学校储藏柜，这些东西由前一天留宿的那个家庭的家长负责准备。因为他父母的居住地彼此相距五分钟的路程，所以他感觉很放心，即使自己忘记了什么也不会有太大问题。安德瑞的安排未必对每个学生或家长都适用，但它能操作得这么好，其中一个原因就是他们设定了一致的轮换计划，使每个人的生活都变得简单了。

制定一个对你和儿子都适用的时间表

瑞利的父母共同承担监护的责任，但他们很快发现一周的中间或每周末的轮换对他们和瑞利都不可行。后来他们想出另一个办法：他整个一周加周末都住在一个家长家，周一放学后转到另外一个家长家。瑞利和他的父母发现这个安排很有帮助，特别适合安排拜访朋友、制定周末计划和执行长期项目。瑞利是个需要作息时间保持一致的年轻人，他父母一起研究出了对他们和孩子都可行的方案。

核对提醒事项

我访谈过的绝大多数家庭都认为，和儿子的另一方家长核对提醒事项，是维护轮换计划并使它适用于每个人（尤其是儿子）的基础。

苏珊娜是汤姆的奶奶，在汤姆的成长中扮演了重要的角色。实际上，我从来没有和汤姆的妈妈莉萨说过话。苏珊娜带汤姆来到我的办公室接受辅导，而且在每件事上都和我保持联系。

汤姆上七年级，是个热心而又充满激情的年轻人。他几乎是跳着进入了我的办公室，带着热情洋溢的微笑。当莉萨出差时，汤姆会在苏珊娜家住几个晚上，所以他也是在两个不同的家庭之间转换。起初，回到母亲家对汤姆来说很困难，因为苏珊娜的家井井有条，她退休在家，汤姆任何时候需要她，都可以得到她的帮助。在苏珊娜家，汤姆是中心。相反，莉萨有工作，而且一个月有两周的时间在出差，缺少固定的安排，这种混乱当然可以理解。起初，汤姆没法在母亲家将事情安排好，通常在他离开奶奶家时，奶奶会打点好一切，而一周后再回来时，用奶奶的话说，“一切又要从头开始”。

过了一段时间，苏珊娜和莉萨开始分享信息：汤姆正在做的事情有哪些？怎么做才能对汤姆更好？他下一步有什么事情要做？苏珊娜在一张黄色便签条上记下提醒事项，告诉莉萨有关学校的活动、运动会以及马上需要做的事情。这样汤姆就可以成功地从一个家转换到另一个家。她们重新调整了日程安排，使两个家庭在做作业、自由时间、休息以及家庭规则上都保持大体上的一致。核对提醒事项减轻了莉萨的压力，她出差一回来，就可以立刻知道发生了什么以及需要注意哪些情况。这样，汤姆从莉萨那里住过几天再回来的时候，苏珊娜感到她不需要每次都重新开始了。

和另一抚养方保持沟通

如果你儿子是初中或高中的新生，他可能有长期项目或小组作业要完成，如果周末被安排去父亲家住，就会让他左右为难。

因为他每隔一周才能待在父亲家，为了不错过这段重要时光，他可能会选择放弃作业。保持沟通可以帮助你儿子变得更有条理，和另一抚养人商讨一个方案，使孩子尽可能地处于稳定的生活状态。碰到问题或是当你预见到冲突时（比如：一个大型团队项目要在周一实施，团队成员居住地距离其中一个家长比较近），就要预先采取调整措施。

生活在多个家庭就会面对更多条理性方面的挑战。对这些学生和家长来说，有一个共同的在线日历（比如 Gmail 日历）或者两家都用类似的挂历会很有帮助。将在线日历当作孩子的时间表，两边都可以访问和编辑，每个人都可以及时了解最新的信息，包括马上要进行的足球赛、在哪里过夜和其他重要的事情。此外，它还可以用来设计作业时间表，这对在两个家庭之间转换的学生来说尤其有帮助。如果你不愿意使用电脑，那么挂历是最好的替代品，只是需要注意，在一个家庭的日历上更新时，要确认对方家庭的日历也更新了。

保持灵活性

创建统一的安排和规律的作息时间很重要。当情况发生变化时，保持灵活性也同样重要。当某一方家长没法履行职责时，很容易看到双方指着协议列表互相指责。这种情况下，孩子往往被忽略了，这个结果是不幸的，但是可以预防。家长要有大局观，大家的目标是让孩子身体健康、在良好的环境下成长，所以需要共同努力，确保满足他的需要。

总结

在多个家庭之间转换会给学生带来压力，对条理性本来就不强的学生来说，这种压力就更大了。家长们常常低估了离婚、分居或现有家庭结构发生重大变化等情况对孩子们所产生的影响，这种影响常常让年轻人不堪重负。

切记:

◎ 寻找多种方法，让简单的事情变得更容易。如果孩子们手边没有合适的课本和学习用品，也没有写作业的地方，就很难让他坚持按照日程表来学习，因此要确保这些基本的需要。

◎ 设计一个保持一致的轮换计划。多数孩子不愿意为如何从一个地方到另一个地方而耗费精力。让他们专心于其他事务。

◎ 制定对你和儿子都可行的时间表并保持一定的灵活性，让所有人的压力越小越好。

◎ 核对提醒事项，与另一个抚养人保持沟通。孩子的成功与失败都和你们相关，所以保持一个良好、开放的沟通渠道可以减少潜在的问题。

特别关注：疾病

Special Considerations: Illness

由于多年对中学生进行辅导，我一直认为自己有“塑料王”特富龙一样的免疫系统。我食欲好，参加运动，经常练瑜伽，在生活中也尽量将压力降到最小。学生们来我这里时，我会避免让办公室出现令人讨厌的病菌。但是，几年前在洛杉矶，我患了可怕的流感，这种流感病菌让我一周的生活变得一团糟，病痛在24小时之内就把我彻底打垮了，整整四天不能下床。甚至连我那只顽固的梗犬——麦森（每天都要去街心公园溜达三次），都带着可怜的表情看着我，我根本没有力气给它开门，放它出去。我完全陷入了一场灾难之中。

我当时做的最重要的一件事情就是，取消了时间表上的全部安排，并且决定在身体完全恢复之后再回去工作。“没人想得流感，”我告诉大家，“你还会感谢我没有传染到你。”很多人表示感谢，尤其在听到我电话里沉闷的声音时。我的助手挑选出一些他们可以做的辅导，然后把剩下的安排都取消了。我从来没有在办公室里消失过这么多天，但作为一个以教导“条理性和时间管理”为生的成年人，一旦我感觉好些了，设计一个让一切尽快恢复正常的方案还是非常容易的。回来以后，我在一周之内就把落下的大多数工作都设法弥补了，生活又恢复了正常。

但是，多数孩子生病时并没有这么幸运。由于缺了几天课，孩子落下许多作业，这会无形中给他们带来压力。然而，我经常看见聪明又好心的父母，害怕自己的孩子落下功课，在孩子病还没好的时候，就又送他们到学校上学。这些孩子被家长严厉对待，他们面色苍白，像个“幽灵”。其实，他们在学校除了传播细菌外什么也做不了。最终他们还是会落下功课，需要花费更长的时间来提高成绩，并且身边的人也跟着一起难受。

短期疾病：感冒、流感、发炎和其他病痛

美国疾病控制和预防中心在 2007 年的调查中发现，绝大多数孩子每年缺课五天（有时会少于五天），其中多数是因为短期疾病。其实，对有些孩子来说，缺课本身已经给他们带来了压力，让他们不知所措，再加上生病带来的不舒服，更令他们感到压力重重。他们经常在病愈后来我办公室，我要做的第一件事就是先让他们冷静下来。**他们又要补功课，还要兼顾新作业，这让他们不知所措。还有些孩子干脆选择了放弃，打算到下一学期再重新开始。**所以，我在这里所做的是调整他们常年使用的条理性方法，让他们尽快恢复正常的生活，而不是再给他们增加负担。

如果你儿子因为生病而缺课，那么根据下面的方法，你就可以在不增加你和孩子压力的情况下，很快地帮助他补上功课。

让生病的孩子休息

你可能还记得，我在第一次介绍蒂姆（他属于“时间安排过满的拖延者”类型）时曾经提到过，他经常生病，一到冬天就会

感冒并且会进一步感染流感病毒，持续好几周。他总也不能病愈的一个原因就是他从来没有得到过充分的休息。有时候他上课迟到缺课，但是放学后仍然要参加篮球比赛，也有的时候，他去学校上学但是又缺席网球训练。有时候他会一整天都不来学校，而是在家为舞会做准备或是努力完成以前落下的一个大项目。在冬天的大部分时间里，他都处于半生病状态，经常不定期地缺课，从没有感觉到完全的健康，而且总感到生活中充满了压力。

蒂姆就像是坐在过山车上，长时间处于跌宕起伏的状态，其中一个原因就是他的身体从来没有彻底恢复过，因此，他的免疫系统受到损伤，一旦生病就会加重。在他上高三（是特别有压力的一年）时，再次陷入这样的怪圈。只不过这次他患上的是严重的肺炎，好几个星期之后身体才得以恢复。值得高兴的是到了高中四年级（可能是因为他申请大学的压力变得不那么大了），蒂姆终于开始让自己真正地休息。患感冒时，他不再勉强去上学，也不再参加课外活动，而是在家休息三天直到身体彻底恢复。正是因为他在生病时休息了整整三天，所以不会再像以前那样持续三周，状况时好时坏。这样整个一学期，他都感觉自己更加健康，终于不再缺课了。

如果孩子患了重感冒或流感，要让他待在家里睡觉、喝一些汤，还可以看些不需要动脑筋的电视节目。不要再送他去足球场、青年团或校舞蹈队。孩子生病在家时，让他专注于如何恢复身体，而不是去理解新的数学概念或完成英语作文。这样做他才能更快地恢复身体，再次生病的可能性也就不大了。

切记，孩子带病上课，身体会处于低速运转状态，上课的效果会很差，损失的内容可能和在家休息时是一样的。关键是，身体状况不好，又不能像在家休息时那样获得足够的能量，这其实是件两败俱伤的事情。

放手，让他主动和老师制定期限

斯科特一生病，他妈妈马上就和所有的老师联系，要来落下的作业，并且把老师回复的邮件都打印出来放在他的桌上。她会想尽办法让儿子补作业，让一切回到正轨。她是个相当有条理的人，管理是她的强项，老师们也对她印象深刻，他们从不担心斯科特落下的作业，因为他妈妈已经帮孩子都做好了。

但是，她的方法没有达到目的。斯科特对妈妈的干预很生气，同时，对自己不得不补这么多作业感到很有压力。他把所有的信读都不读就扔到纸篓里，因为他没有觉得那是他自己的事。他没法集中精力做该做的事，而是专注在妈妈爱管闲事上面。**后来，斯科特的妈妈渐渐意识到，让他自己面对功课会更加有效。虽然中间有耽搁，但是如果让他承担这个责任，他就可以更好地控制补课的进度。**斯科特完全可以主动找老师补作业并且自己来控制补课的进度，还可以和老师协商，分时段处理不同的作业，用合适的进度把考试和小测验补上。

一旦孩子感觉身体恢复了，要鼓励他和老师一起讨论什么时间补作业、如何补考等等事宜。另外，马上给老师发邮件也是个不错的想法，它能体现出孩子的责任感和上进心。此外，学校的辅导老师也可以提供很好的帮助，但需要你儿子自己主动寻求指导老师的支持。我知道，由你来发邮件更容易也更快，但要尽量让你儿子自己管理事务，这样可以培养他的韧性和独立性。有时候，父母会担心老师不能公平地对待孩子，也不能充分理解孩子的境况，认为父母找老师会比孩子自己找老师效果更好。其实不然，在大多数情况下，我发现如果学生愿意主动和老师沟通自己的需要，老师会理解和同情孩子。一般来说，缺一天课补一天是比较合理的，所以如果你的孩子缺了四天课，他应该用四天的时间来补课，如果中间跨一个周末，效果会更好。

自主设计任务清单

身体恢复之后，就可以着手让他自主设计任务清单。孩子们缺课后来我办公室时，我要求他们做的第一件事情就是自己设计一个任务清单。在一张空白纸上，我让他们列出每一个科目要补的作业。每个学校处理作业的方式各有不同，有的学校采用在线布置作业的方式，也有的学校要求学生补上所有作业后一次交给老师。如果让学生们一开始就设计一个任务清单，他们往往会觉得压力太大，因此可以先列出所有要做的事情，然后运用“头脑风暴”的方法，帮助他们设计一个补课的进度安排。另外，根据你和孩子关系的不同，列计划的方式也会有所不同。可以由你来帮他制定这个计划，也可以让他自己来设计，但我发现，即使是大孩子在面对这么多作业、测验和长期任务的时候也会不知所措，他们希望有人能坐在身边，这时候可以找其他外部资源（哥哥、姐姐、指导老师）来更好地帮助他。

让他将任务分解

当蒂姆把所有要补的作业全部列出来以后，我们就清楚地知道了哪些作业对他来说相对容易、哪些作业比较难，可以让他先完成比较容易的部分。然后，将所有作业分摊到四天，先完成最容易、最少的作业，然后周末再处理内容多、相对复杂的作业。比如，蒂姆认为数学相对简单，那他就先完成落了三天的数学作业。在完成一个科目之后，继续完成其他的。先完成容易的作业能给他带来成就感，也让他有动力去继续完成难度高的作业。他明白，只要补完物理作业，他就补上了所有的功课，一切就又回到正轨了，下周一去上课的时候，他就能完全赶上学校的进度了。这样下来，整个过程带给他的压力比他最初设想的要小很多。

接下来谈谈你儿子任务清单上的每一项作业，让他明确地知道完成每项作业的时间。任务清单应该设计得宽松些（每天少安排些作业，这样更容易让孩子开始执行），安排的内容也不要太繁多，那样会让他产生畏难情绪。**根据进度表补作业可以帮助孩子减少焦虑、减轻压力，使他在一个时间段内只需专注在一项作业上。**

专门留出补作业的时间

每天晚上都要留出专门的时间来补作业，周末的时候，再规划几个专门用于补作业的时间段。斯科特发现规划专门的时间用于补作业对他很有帮助，能让他在那个时段里只专注于补作业。斯科特因为重感冒缺了两天的功课，他首先列出每一项要补的作业，然后在接下来的两个晚上，他留出两小时来写作业，接着给自己一小时的休息时间，然后再回来学习两个小时。尽管这并不是最理想的做法，但能让他在周末的时候补完所有的功课。

不要把补的作业和新作业混在一起写，而是要鼓励孩子每天留出专门的时间补作业。每次他只需要专注于清单上的小任务。就像安排棒球训练或长笛课程那样，当他感觉身体好一些的时候，在周末安排两到三个以两小时为单位的时间段来学习，这样就可以帮助他在不烦躁的情绪下，完成很多工作。另外，需要确保在补作业的时间之外，他还可以留出一些玩耍或放松的时间。

使用计划表跟踪落下的作业

蒂姆制定了任务清单并明确了相应的完成日期后，需要把每一项任务浏览一下，然后在计划表上写下每一天要补的作业。之后他只需像执行生产线流程那样简单操作就可以了，因为他已经知道当天要做的事情，所以只需关注当天要补的作业（加上正常该做的）就行。将一项复杂艰巨的任务（有太多的作业要补，又没有足够的时间来做。）分割成较小的、容易执行的小任务，对他来说是个很重要的方法。

你儿子应该从任务清单中选出要补的作业，然后把他们分别填在计划表中（计划表的时间就是他希望完成的日期）。鼓励他给每项作业标上数字，这样就可以大致整理出一个执行顺序。另外，还可以在每项作业后画个小方框，做完一项就打钩，这样可以方便检查。

病愈返校后先取消课外活动

蒂姆被病魔折磨了很长时间，其中一个原因就是病还没好就过早地开始了各种活动。他常常早上七点就到校参加学生会会议，下午六点还要参加网球训练。当他开始写作业的时候，一天已经过去 11 个小时了。当天的作业再加上要补的作业，他一天中有 14 小时处于紧张状态。要知道，他从无法下床的状态中恢复过来才刚刚几天而已。如此长时间地折腾自己，他原本脆弱的免疫系统被彻底摧毁了。

如果儿子认为可以返校学习，也要知道这并不意味着他有能力应付所有的活动。他可能想急于回到运动场或课外活动中，所以应该暂时取消作息时间表中的一些安排，给身体足够的恢复时间。因为此时的免疫系统仍处于低迷状态，多留出一些休息时间可以更快地恢复，避免再次生病。另外，他还需要留出补作业的时间。

有学生向我抱怨，教练不允许他们缺席训练，或者教练坚持说如果他们已经回到学校，就应该可以参加训练。**长远来看，缺席几次训练反而可以让他更快、更好地达到教练的目标，如果开始时没有正确地处理，疾病和伤痛的问题常常将变得难以解决甚至变得更加严重。**

慢性病、长期疾病和威胁生命的疾病

多年来，每个暑假我都会有一至两周的时间去夏令营做志愿者，帮助那些患有慢性病或威胁生命的疾病的孩子。在夏令营里工作是我最愉快、最振奋的一段日子，也是一年中最辛苦的几周，参加这些活动总能成功地帮助我恢复活力。更重要的是，在这几周的课程中，有新鲜的空气、新的冒险和各种各样的社交活动，而且夏令营也是一个帮助营员改变想法的地方，孩子会发现生活中遇到的困难常常是自己想象出来的。一句话，夏令营很神奇！

研究发现有18%～20%的孩子患有慢性病，其中一半以上的孩子不得不定期缺课，而另外一些孩子会不定期地缺课。现在，患有I型糖尿病的孩子越来越普遍，他们一年中生病的日子比健康的日子平均多3天，这常常使他们脱离正常的生活轨道；患有哮喘的孩子缺课更多，一年生病的日子比健康的日子平均多4天；另外，还有一些身体更加孱弱的孩子可能需要连续几个月离开学校去接受治疗，甚至有的孩子由于身体无法适应严格的全日制学习而离开学校。除了学业上的差距外，这些长期生病或患有慢性病的学生还会感觉自己的“任务和时间管理”能力越来越差。即使他们内心有强烈的愿望去把事情做好，但还是难免有意外情况发生，包括治疗方案的改变、治疗时间的推迟以及其他事情的妨碍。此外，他可能还会觉得自己智力下降，与社会生活疏远，这可能是由于缺课影响了他在学校的社会交往或是由于疾病让他感觉与众不同。

父母能为孩子做的事情，就是在教育和治疗两个层面，为他提供全方位的支持并给予适时的指导，以确保他在不稳定和承受压力（长期疾病或者慢性病所带来的）的境况下，仍然感觉到自己有一定的控制和选择能力，并过着一种有规律的生活。请记住并运用下面的策略。

保持灵活性

如果一个孩子被慢性病或长期疾病折磨，那么就不可能让他和健康的时候一样专心学习。在面对老师和同学时他们可能表现还行，但实际上他们的身体、情绪和精力已经被耗尽。课程负担和所选课程可能适用于去年，但对今年来说就是超负荷了。重要的是，家长和校辅导员应该认识到：任何可以让孩子的生活变得更容易、更好管理的方法都要去探索包括课程表的调整。尤其刚生病时，家长要帮助孩子理解：他们应该做出调整，而且做调整或者减少强度大的课程不是软弱的标志。有些孩子会难以接受这种调整，因为这些课程曾经让他在班里引以为荣，现在却不得不痛苦地承认这些课程负荷已经超出自己的承受力，他们因此变得灰心丧气，觉得自己的智力和能力都没法和健康时相比了。

在这个时候，家长和校辅导员需要传递出一个重要信息：这些调整是暂时的（我喜欢用“暂时”这个词），这种“暂时”可能长达几年，但绝不意味着学生们变得不聪明了，而是在适当的时间做出合理的调整以确保他们走向成功。在处理各种与慢性疾病相关的情绪和社交问题过程中，要让孩子们感觉到他们仍然能掌控自己的学习，这一点很重要，它能帮助孩子在无助中产生力量。

几年前，我辅导了一个八年级的孩子，名叫格瑞克。他患上了节段性回肠炎，看上去比同龄人要瘦小，身体发育好像也比他的同学小三岁。他外形英俊，善于交际，在班里被女孩子们青睐，但他对自己的身高没有自信。我第一次见到他时，就看出他智商很高，在学校里也表现得很积极。同时，我也看出他明显缺乏条理性。在我辅导他的那些日子里，他穿梭于医生和专家们之间，努力寻找带给他这么多痛苦的病因（我们第一次相遇时，他的病还没有确诊）。

对格瑞克来说，他处理事情的能力取决于他的身体状况：当感觉不错时，他就有能力搞定一切，但也不会做得太好，每件事

在处理各种与慢性疾病相关的情绪和社交问题过程中，要让孩子们感觉到他们仍然能掌控自己的学习，这一点很重要，它能帮助孩子在无助中产生力量。

情都能按时完成，没什么致命的错误或疏忽。在身体糟糕的时候，他几乎什么事情都做不好，不做作业、考试和测验不及格，行为举止有些呆头呆脑。由于他正常上学而且表面上“看着”没有问题，因此老师们起初以为他是因为懒惰和缺乏动力才有这样的表现。

被确诊之后，由于医生们改变了药物和治疗方案，格瑞克的身体和情绪就像坐过山车一样，起伏很大，在学习上只有代数是他唯一还关心的科目。在他八年级期间，医生们使用了强泼尼松（一种激素），使他的脸肿胀到难以辨认，体形也像吹了气一样，体重超过了 60 磅。对于一个正处于青春期又关注自己外表的八年级学生来说，这实在是糟糕。到了期末，格瑞克感到筋疲力尽，虽然他想要创建一支全明星棒球队，又想和英语课上邻桌的女孩约会，但历史课的考前复习和提前制作“学习闪卡”却都成了泡影。

最后，校辅导员找格瑞克和他父母谈话，讨论如何合理安排他的精力和时间。因为他要忙于看病同时又受到新药物的影响，这些都给他带来很多的压力，这种情况下，他需要减少必修课的课时并取消一些选修课。**在辅导员的帮助下，格瑞克和父母一起制定了计划，对他的作息时间表做了暂时调整。**虽然这些调整使他的西班牙语课不及格，也无法在几何课上获得优秀，但从大处着眼，大家承认他的身体和情绪在过去的三个月里发生了很大的改变。老师为他延长了考试时间（在他健康时，这些事都不需要）。有段日子，老师允许他在疲劳时去医务室的长条凳上休息 30 分钟到 1 小时之后再回教室上课。

我们也减轻了他放学后的作业负担。将下午 5 点至 7 点的作业时间分成三个以 30 分钟为单位的时间段。写作业前他有时先打个盹，一般晚上 10 点前就上床睡觉。大多数情况下，他还是尽量按照作业要求和条理性策略方案执行，同时也根据自己的身体状况灵活调整。当他觉得自己可以依靠一个可调整又灵活的系统时，他感觉自己更加拥有了主动权，有能力掌控自己的生活。当他感觉好一些时，就很容易回到正常的轨道上。这种状况是最好的吗？不是，但可以使格瑞克在感觉无助的情况下，感受到自己有更多的力量，这一点相当重要。在这艰难的时刻，要让他感觉自己能尽力做些事情，同时又不会因为压力过大而选择放弃。

除了使用医务室和延长考试时间，一些学生在精力不足或者心力不够时，还可以让自己多休息几次或少上几节课（提前回家或午餐后回家），这样能帮助他们更容易地度过在学校的时间。有些学生喜欢在家上学，还有些学生则更希望去学校上学。根据孩子的不同情况，适当地对学校生活做些调整，使孩子在生病期间更容易应对学校生活，从而减少压力。

赋予孩子教育老师和同学的权利

在我上一年级时，我有个从蹒跚学步时就相识的同学贝斯，她不得不接受一个大型脑外科手术——大脑半球切除术，切除她大脑的一半。她已经因多次发病（我们都知道）而非常痛苦，这个外科手术可以帮助她延长生命。记得手术前，校医来到教室，深入地和我们讲解贝斯即将要面对的事情，回答了我们所有的问题。这减轻了我们的恐惧心理，也让我们更加理解贝斯为什么会经常离开学校。我们并不知道所有的可怕事情，但了解了将要发生的事情，也就避免了窃窃私语的议论和来自成人半真半假的信息。我记得自己在上午花了一节课的时间去制作“早日健康”卡片、为她画画，并且捐出自己的钱给她买了张卡片。另外，我还送给她一本涂色书，因为我猜她整天躺在医院里，一定很无聊。由于接受了关于她病情的教育，我们对她的需要非常敏感并且也很理解她，尽可能让她觉得一切正常（现在贝斯在我们当初的学校里担任幼儿园助理）。

给患有慢性病或威胁生命的疾病的孩子提供一个选择，让他们参与到教育过程中。因为他们会觉得这是在用自己的经历来教育其他同学。萨丽·撒博是一位纽约的临床医生，帮助那些患有慢性病、威胁生命的疾病以及因为患病而生活受到限制的孩子和家庭，当有孩子生病时，她经常去学校进行教育宣讲。不论她什么时候在教室里宣讲，都会给生病的孩子一个机会，让他和自己站在一起。有几次，刚开始时，生病的孩子坐在教室后面，后来当他可以自在地谈论自己的病情时，就开始回答同学们的问题，将宣讲继续下去。慢性病和威胁生命的疾病能引起心理问题和社会问题，不幸的是，学校并没有很多这方面的经验。如果条件允许，让你儿子参与到学校和班级的这类教育过程中，给他机会和同学们讲讲自己的经历，使同学们对他遇到的困难更了解也更敏感。

设计灵活的作息时间表

了解孩子内心的需要，围绕“他能做的”和“怎样能做得最好”来设计作息时间表。我辅导的一个学生患有I型糖尿病，对化学课学习感到困难，一部分原因是化学课被安排在上午较早的时间，糖尿病患者上午容易反应迟缓，因为他们的身体每天都需要通过注射胰岛素来调节血糖。我们谈话后，他决定试着把化学课调整到上午靠后的时段，先上摄影艺术课。因为艺术课让他很享受，不必记笔记，也不需要像化学课那样做精确的分析。这样简单的调整（说实话，修改作息时间表从来都不是那么容易）使他更容易在课堂上集中精力。

运用前面章节所强调的“任务和时间管理”方法，可以设计一个灵活的作息时间表，同时针对你孩子面临的挑战和困难做些调整。举例来说，如果你知道孩子在学校已经耗尽了精力，回到家里也很疲倦，可以让他先小睡几小时休息一下，然后再写作业。如果你发现早上晚些时段他的注意力最为集中，可以在作息时间表上周末的这个时段安排一小时的写作业时间，让他在疲劳时得到休息。

观察出现的每一种情况

如果你儿子因为疲劳或缺乏动力而不愿意去做事情，你就需要全面观察。当有复杂的健康问题时，每一个细小的行为都会传递出一些信息，帮助你做出判断。有时，孩子们的行为表面上表现为放弃，实际却在经历一个特殊的反思阶段，他们可能觉得没有必要告诉父母。有时，家长们也很纠结，害怕任何细小的改变引出更大的问题、让情况变得更糟，所以希望能保持不变。

撒博给我讲过一个患有脑瘤的学生的故事，这个孩子当时 16 岁，上高三。他在一年前做了扩散性脑部肿瘤手术，手术很成功，看上去身体很健康。他每个月都会缺几天课，去纽约看医生，做扫描和全面检查。一天，他向父母宣称不想再去学校。起初，父母十分失落，因为从表面看，他选择了放弃，但在和他谈话之后明白了真相。他告诉父母自己有很强的挫败感，经常在身体不舒服时，还得在学校的椅子上直直地坐着，坚持六个小时。在身体因药物治疗产生反应的那段日子，他的身体简直无法承受上学的负荷。有时上午才过一半，身体已经筋疲力尽，但还得在那里艰难地挺着，萎靡地熬过剩下的时间。

在撒博的帮助下，学生、家长和学校三方共同拟订了一个方案，一周中安排他几天在家学习并有指导老师辅导。当身体状况许可时，他还发展了一些课外爱好。虽然疾病仍占据了他的大部分生活，但在家学习的模式和课外爱好使他重新获得了能量，从而积极地投入到课堂内外的学习中，因此这些措施是积极有效的。

寻求支持，了解孩子的需求

为了确保孩子的需求获得真正的了解和满足，必要时可以寻求外部支持。根据孩子所在学校情况的不同，这个支持可以来自校辅导员，也可以来自外部。他们会针对孩子的需求（你可能还没有意识到的）提供辅导，帮助孩子们更轻松地度过这个阶段。由于家长需要面对自己的情绪和困扰，因此辅导员或医生常会比父母更有效快速地识别出孩子的需要，并针对学校的情况给出相应的调整方案。孩子们常顾虑父母的感受，而面对辅导员和专业医生时，他们更容易专注于自己的感受，打开心扉说出自己的需求、担心和害怕。**撒博常说："孩子们不愿意让家长知道自己陷入困境，他们也的确没必要这样做。"**她发现父母常常意识不到孩子的需求，也不了解什么措施可以帮助孩子更轻松地面对学校的状况，因此她经常和家庭、学校合作，针对病情的不同阶段了解孩子的需要。

倾听孩子真正的需要

倾听孩子真正的需要看似简单，但多次与患病孩子的家长谈话后，我惊讶地发现他们从来没有问过孩子需要什么、怎么能帮助他们在学校更轻松。患病的孩子有权利也需要表达自己的情绪，因为积极、愉快的一天可以带给他们更多的能量。从发育角度看，年龄小的孩子愿意带病上学，因为在他们看来学校是个有趣、好玩的地方；从社会性角度看，有些青少年发现自己身体不舒服、不足以应付所有功课时，还会坚持上学，因为他们不想失去学校这个社会环境；也有些孩子想离开正规的学校，在家庭学校待一段时间，发展自己的课外爱好。

当孩子患有慢性病或威胁生命的疾病时，要允许他说出自己的渴望和最想做的事。这能使他在生病时，依然感觉可以掌控生活。虽然愿望无法全部实现（毕竟，我们没法离开学校和马戏团一起旅行），但可以变通和调整，尽量认可他的期望，帮助他实现。

暂时离开学校

让患病的学生坚持上学有时是不可能的。接受治疗已经让他们筋疲力尽，健康状况又时时面对挑战，无法预知。这时，你和孩子应和校方管理层沟通，最好由学校安排指导老师一周有几天来家里辅导。儿子的学习负荷应根据身体状况做出调整，设计作息时间表，让他更有条理地管理自己的日常生活，完成应该做到的事情。比如，在感觉身体好时，可以一天做四个半小时的作业，然后随着身体的好转逐步增加学习时间，其余的时间他可以做任何想做的事。

在离开学校几个月后，孩子突然失去了社会环境。原来可以在学校看到来来往往的同学，现在只能躺在家里的沙发上消磨时光。如果孩子很喜欢学校的社会环境，待在家里会让他感觉特别孤单。此时需要寻找一些途径，满足他社会交往的需求（比如参加活动或轮流到朋友家做客），让他也参与策划这些活动，才能真正满足他的需要。对很多男孩来说，社交网站可以帮助他们感觉自己和外界还有联系，虽然没法每天看见同学，但可以通过网络了解外面的世界。

离开学校几个月后，孩子准备返回学校时，应重点考虑返校的细节，如何用一种让他感觉舒适自在的方式重返校园。撒博曾辅导过的一个学生，在医院接受白血病治疗几个月之后重返校园，那天早晨，学校在校园电视上报道了此事。另外一个学校，在孩子第一天重返校园时，一位来自医院的专家和他一起来到班上，和班里的同学交谈。

高中生重返校园的方式可能要根据孩子所在学校的规模和风格来定。离开学校几个月后，你儿子可能对学校有些猜想：学校会变成什么样子？同学们对自己的事情会不会感到非常恐惧？离开了几个月，学校可能会发生一些变化，刚回班里时，他可能会有些不安。另外，可以在校辅导员或学校老师的帮助下选择合适的课程。

对那些曾经学习优秀或上提高班的学生，最好提醒他们，离开几个月之后他们可能没有办法再进入提高班。他们会很难接受这样的现实：无法在缺课几个月后仍取得和以前一样的好成绩，但是要记住“学习进度不是最重要的”。换句话讲，在高中还是在大学阶段学习微积分（大多数孩子在这个阶段学习）不是关键，真正重要的是根据自己的发展规划，在接受教育的某个阶段真正掌握这个知识。

当父母一方或家庭成员生病或去世

在戴米安高三后半学期的时候，他的父亲患上了胰腺癌，并在诊断出来的当年就离开了人世。戴米安和父亲十分亲密，父亲生前是个成功的房地产开发商，儿子的每一次橄榄球赛和篮球赛他都会参加。戴米安属于“认真的懒鬼”类型，他懒散的习惯让他完全没有能力去思考和处理这种状况。父亲生病期间，戴米安上课时总是目光呆滞，老师当时还不了解他家里遭遇的变故，以为这些行为只是他一贯懒散做法的夸张表现。

父亲的病被确诊几个月之后，家人才告诉他父亲去世的可能性很大。其实，他早就通过网络知道了真相，但是那个时候，没有亲人能分担他的感受。起初，父母不明白为什么儿子的期中考试成绩单上会有三个 D 和一个 F。“难道戴米安不知道高三有多么重要吗？”他们问我，声音里透着怒气。另外，戴米安因为压力过大，背部出现问题，不能再打篮球，这个曾经活跃的年轻人有八周的时间没法参加和跑、跳有关的活动。

当我第一次看到戴米安时，对他遇到的问题一点也不感到奇怪。那段时间他脑子里空空的，看上去什么都不在乎。父亲病情急剧恶化期间，他只想赶快做完作业，然后读些和课本无关（对他而言）的内容。大部分日子里，他一回家就坐在餐桌前，盯着一页书发呆，看上去心事重重，根本无法做任何事情。

我和戴米安一起讨论是什么原因让他无法专注于学业，同时也告诉他焦虑是正常的，上学和写作业可以让他平静下来。我帮助他看得更远些（当然这样做很难，但可以做到）。后来，在家人的支持下，他开始康复治疗。我们认为尽管他背部受了伤，但还是可以游泳和骑固定自行车。很快，一周有四到五天他会去游泳和骑车。我们根据老师提供的补课内容，一起制定了任务清单。因为他在家无法集中精力，所以我们就建议他一周去几次图书馆（每次两个小时）。结果，到期末的时候，戴米安再也没有出现D和F的成绩，考虑到他要同时面对家庭的变故和自己的健康问题，我认为这已经是了不起的成功了。在这个艰难时刻，他用灵活的调整策略帮助自己做到了最好。

我常在办公室问孩子们一个问题："你已经尽了全力吗？"这是一个非常自由的提问，我没有要求他们成为最好，而是希望他们在那个特别时刻尽了全力。

寻求外部支援

撒博强烈建议，当家中有亲人生病或父母去世时，要尽早（她建议"诊断当天"）寻求外部支援和帮助。当家里有亲人生病或去世时，孩子不仅为失去亲人而痛苦，同时还会担心失去其他亲人。另外，他们自己沉浸在悲痛之中，同时又想安慰家人。找一个人（可以是社会工作者、学校辅导员、家里的朋友或者心理医生）来帮助孩子，在调整和适应一切变化时，让他感觉获得了支持。确如撒博所言，尽早确定外部支援非常重要。这样当家庭发生重大变化时，信任的基础和帮助程序已经构建完成，而不是等到出现危机时才寻求帮助。

保持一致，但又适度灵活

保持规律性的活动、作业和家庭作息时间，对多数孩子来说是很有帮助的。但也要允许出现一点混乱。在保持规律性的同时，要知道孩子们不可能在学习、体育运动或其他方面像你期望的那么出色。要让他有娱乐生活和释放压力的地方，包括足球队、乐队或者辩论队，这样可以帮助孩子应对问题，让他们获得支持。

学校的配合

对那些因为家里亲人生病而备受煎熬的孩子，学校可以调整课程或者采取一些临时措施。如果学生自己也病了，你可能需要和校辅导员、老师一起帮助他。这些措施要尽可能保持灵活、不受限制。**但是孩子们通常不喜欢这些措施，因为他们不希望自己与众不同，但随着他们注意力的下降，延长考试时间以及一对一的辅导可以帮他度过这个艰难时刻。**家长要和学校配合，根据孩子的需要及时调整措施，这样才能给予孩子最大的支持。

最好在父母疾病确诊之初或者去世后的第一个月就采取措施，老师在这段时间可以对孩子的作业要求相对宽容一些并能提供灵活的应对办法。我辅导过的很多学生，在大家为他做了调整之后的六个月、一年甚至三年中仍然没有好转。正如撒博所说，每一个创伤在一生的不同阶段都会被重新定义，对孩子来说，伤痛永远是那么真切。孩子们虽然获得了更多的认知，但伤痛不会如人们所期望的那样彻底被清除。那些临时措施不管是在最初的几个月还是在疾病确诊之后甚至是父母去世后的几年里都是相当必要的。

向孩子了解他希望告诉大家的方式

如果有学生（小学生或中学生）的父母被诊断生病，撒博常来到教室，给所有的孩子宣讲。讲座开始时，她经常会问大家：有多少孩子知道有人得了类似的病（比如癌症）？多数情况下，会有几个孩子举手。提问的结果往往对父母生病的孩子是一种安慰，让他感觉到自己的经历没有什么特别，他也不用向同学们解释自己的境况。孩子们经常想安慰别人，但又总是不知道该怎么说或怎么做，因此有人来班里告诉大家是最好的。

切记，这些措施取决于孩子的想法，有些孩子更喜欢通过书或材料与大家分享，还有些孩子希望什么事都不要做（至少现在不要做）。根据撒博的经验，和同学们分享的内容也会随着时间的改变而变化。

了解学校是否有标准化的处理模式

理想状况下，如果学生的亲人患重病或去世，所有学校都应该提供标准的处理方案，并能以人为本，灵活调整。方案中一般包含以下内容：如何与悲痛中的孩子谈话；怎样创建灵活的、符合期望的调整措施；当孩子崩溃或需要特别支持时，怎样指派专人——校辅导员或老师（有些孩子可能觉得老师会让他们更舒服）来辅导孩子，提供他所需要的帮助。**虽然每个家庭遇到的疾病或重大意外是不同的，但都会遇到共同的问题，学校可以提供一个标准化的处理模式，提前准备会使问题的处理变得更加容易。**

总结

对孩子来说，生病（不论是短期的疾病，还是慢性病和长期疾病）都会给他们带来挑战。当孩子的身体偶尔不舒服的时候，我们建议他卧床休息，病愈后再有条理地补习功课。还没有痊愈就匆匆忙忙地回到学校或忙着补习功课会导致压力太大，这是不值得的。他有两个选择：要么卧床休息；要么勉强学习，损耗身体的能量。

当你发现儿子的身体明显地变弱时，就必须根据具体需要做灵活的调整。生病期间，孩子的日常作息应该轻松些，至少在一段时间内，应暂时放弃提高班。另外，必要的时候可以寻求外部支援，同时确保孩子的社会交往需求也被细致地考虑到了。在帮助孩子保持社会交往时，应该切记，他自己可能就是最好的支持者。

如果有家庭成员或亲密朋友生病或去世，应立即寻求外部支援。对患有慢性病的孩子，关键是要保持和他的沟通。

Chapter 13

执行策略

Implementing the Strategies

到目前为止，所有的策略、方法和技巧都已经介绍完了，可能这个时候，你心里反倒开始有压力了。但你最了解自己的家庭模式，可以想一想，哪些策略在你的家庭里更容易实施（比如布置一个学习空间），哪些方法可能需要花费些时间和努力才能实现（比如让你儿子吃早餐）。和所有的事情一样，全面彻底的改变是需要时间的，尤其当我们面对的是处于青少年时期的男生。改变过程中不可避免地会有起起伏伏，因此要有耐心，让改变一点点地发生，把孩子经历“停下来、重新部署、重新休整和重新定位”的过程看成一次自我塑造的机会。

最好不要将第 8 章中提到的所有学习技巧同时教给你的儿子。我建议你在阅读前面的章节时，就可以开始思考怎样在家里实施这些策略。本章将提供一个“五周计划表”样本，它将帮助你逐步地将这些策略引入你儿子的生活。如果你是作为老师来帮助学生，可能需要等待更长的时间才能看到结果，但这也没有关系。你越是循序渐进、始终如一地保持改变，这些方法就越容易成为你生活中的一部分，而不只是一种短期行为。

记住态度的重要性

我不会因为男孩子们在做文件夹时不够有条理或者计划表上原本应该写作业计划的地方却打了太多的洞而生气或沮丧。每一次我都把这样的事情视为帮助他们改变的契机，生气或心烦只会浪费精力；相反，专注于帮助你儿子，放手让他运用这些方法，才能使他的（也是你的）生活变得更简单、更有品质。

寻求外部支援

在前面的章节中我一再强调要寻求外部支援，这里再重复一遍：如果你不能很好地帮助儿子运用这些方法（由于你的个人风格或者其他原因），那么就要寻求外部支援，比如，你的伴侣就是一个选择，他和儿子的关系也许更加亲密，可以更有效地帮助儿子整理作业;另外，可以通过亲朋好友、亲戚来帮助他养成好习惯，让他看到变得有条理可以带来“双赢”的效果。**此外，家教或辅导员 / 咨询师可能是最合适的外部资源，这也正是众多学生来我这里的原因**。总之，无论采用什么方法，目的是让孩子感觉自己获得了更多的支持。

每天都是新的开始

这些方法可能在一个新学年或新学期开始的时候实施会更容

这些方法可能在一个新学年或新学期开始的时候实施会更容易，因为从时间上来说它本身就是一个新的开始。

易，因为从时间上来说它本身就是一个新的开始。同时，我也相信每一天都是帮助他改善的机会，从最简单的改变开始，然后逐步提高。

五周实施策略举例

“五周计划表”仅仅是一个建议，也许你和孩子在很短的时间内就能看到变化，而有些人可能需要更多的时间。这个计划之所以对这么多男生和家庭可行，就是因为它基于“每个家庭和学生都是独一无二的”这样一个理念，因此它很灵活，可根据个体的不同而调整。你认为哪种方式更能让儿子接受，那就根据他的需求进行调整。另外，五周的时间有可能不够，也许你需要两周（或更多）的时间才能迈出实质性的一步，学生们也会在不同的时间选择不同的方法，正如所有的人不可能在同一时间学习走路或读书一样，每个人的接受能力各不相同，要保持耐心和乐观，成功一定会到来！

贴士

每一个步骤都建立在前一个步骤的基础之上。即便你进入了第二周，你儿子也还是需要继续整理文件夹、修改计划表。在这个计划中，实施每一步大致需要一周的时间，但是在实际操作过程中可以灵活调整。切记，这是一场马拉松赛跑，不是百米冲刺。不要急于进入下一步，除非你们确实感觉准备好了，否则一次的内容会太多。

第一周

- ⊙ 讨论学习目标和个人目标（第 4 章）
- ⊙ 买必要的学习用品（第 5 章）
- ⊙ 整理一个文件夹，写出计划表（第 5 章）
- ⊙ 创建学习空间和一个“科技盒子”（第 6 章）

第二周

- ⊙ 设立学业和个人目标（第 4 章）
- ⊙ 执行“两小时学习时间段”法（第 7 章）
- ⊙ 设计一套方法，当天作业当天完成（第 7 章）
- ⊙ 时间管理表（第 9 章）
- ⊙ 关注个人健康：更多的睡眠（第 9 章）

第三周

- ⊙ 执行计划，向个人目标迈进（第 4 章）
- ⊙ 浏览重要事务时间表，减少不必要的活动（如果可行）（第 9 章）
- ⊙ 针对考试和测验的学习策略（第 8 章）
- ⊙ 关注个人健康：锻炼 / 健身（第 9 章）

第四周

⊙ 实施“积极阅读法”和相关的学习技巧（第8章）

⊙ 关注个人健康：饮食/营养习惯（第9章）

第五周

⊙ 重点关注需要特别注意的策略

⊙ 重新检查学业和个人目标（第4章）

⊙ 关注个人健康：做些有趣的事情，帮助减轻压力（第9章）

祝您好运！

致　谢

首先要感谢所有的学生，我非常荣幸，也很感恩，这些年来能和他们在一起合作。我也要感谢他们的父母，给了我这样奇妙的机会辅导他们的孩子——我确实觉得这是送给我的一份礼物。

致斯蒂文·瑞哈特（Steven Rinehart）：感谢你所有的建议和想法，感谢你努力的工作以及对背景的研究，你的支持是不可缺少的，我将永远感激。

致苏珊·马克斯（Susan Marquess）：回顾自 1995 年一路走来的日子，是你介绍给我第一个学生，也是你在 2001 年时鼓励我再次从事学生辅导工作，谢谢。

致巴巴拉·斯德芬森（Barbara Stephenson）：正是源于我们在葡萄牙的一次散步，使关于这本书的梦想变成了现实，感谢你的支持和鼓励。

非常感谢我出色的早期读者和朋友在每个阶段对这本书的支持。爱丽斯·克林曼（Alice Kleeman），你的洞察力、幽默和编辑功力是非常宝贵的。劳拉·兹默曼（Laura Zimmerman），总是给予我正面积极的支持和建设性的批评，你从母亲的视角所提供的建议非常有价值。朱蒂·罗森博格，谢谢你出色的指导，对这本书的很多章节都给予了反馈。玛格丽特·米勒（Margaret Miller），你对这本书的全方位分析是无价的，我总是期待着和你谈话。安妮（Annie），谢谢你的友谊和智慧，我去纽约的时候总会和你度过那么甜蜜的时光。艾力克斯·杰米森（Alex Jamieson），感谢你作为朋友的鼓励和支持。卡拉（Kara）和马克·爱德加（Mark Edgar），你们的盛情总是令我惊奇不已，谢谢。

有如此多的人奉献了他们宝贵的时间，为这本书接受我的采访，你们提前阅读，为相关的章节提供评论，我怀着崇高的敬意保存着我们的每一次谈话，真诚地感谢：简·麦克莱尔（Jane McClure），南希·艾力（Nancy Ely），布鲁斯特·艾力（Brewster Ely），丹尼斯·克拉克·波普（Denise Clark Pope），林德赛·赫兰德（Lindsay Holland），萨莉·撒伯恩（Sallie Sanborn），裘蒂·格力贝尔（Jodi Greebel），凯特·伯克（Kate Burke），戴伯·吉（Deborah Gee），还有几位家长选择了匿名的方式提供帮助——你们知道是谁，谢谢你们。

感谢常青藤出版社的员工在我疯狂写书时对我的全方位支持，没有你们，这本书就不可能完成：林德赛·斯科玛兹（Lyndsie Schmalz），贝卡·薇拉斯科（Becca Velasco），凯特·斯万森（Kat Swanson），尼克·海尼布什（Nicole Hinnebusch），莉萨·罗博（Lisa LoBue）。谢谢！

致最出色的人：佩利格（Perigee），约翰·达夫（John Duff）和玛丽安·丽兹（Marian Lizzi），从开始就相信这本书，你们的指导、支持使得所有的过程比我想象的更加容易——谢谢！

致有独到见解和智慧的代理普林斯拉·吉尔曼（Priscilla Gilman），感谢你为这本书提供的各种方式的支持，信任我的使命和工作。也感谢丽贝卡·格兰丁格（Rebecca Gradinger）早期的建议和支持，指引我走在正确的道路上。

最后，向我的父母艾米尔（Amir）和巴赫尔（Bahereh）致意，你们总是鼓励我相信自己的目标、梦想和愿望，感谢我姐姐艾丽尔（Allia）的一路陪伴，让梦想成真。

推荐书单

1. B. 艾德（Eide, B.）和 F. 艾德（Eide, F.），《被贴错标签的孩子——观察行为，发现根源，找出方案，帮助孩子们学习面对挑战》（*The Mislabeled Child：Looking Beyond Behavior to Find the True Sources and Solutions for Children's Learning Challenges*，2006），纽约，亥伯龙出版社（New York：Hyperion）。

2. 迈克尔·格瑞安（Gurian, Michael），《非凡的男孩》（*The Wonder of Boys*，1997），纽约，普特南出版社（New York：Putnam）。

3. D. 凯德龙（Kindlon, D.）和 M. 托普森（Thompson, M.），《唤醒该隐——保护男孩的情感生活》（*Raising Cain：Protecting the Emotional Life of Boys*，1999），纽约，巴兰坦出版社（New York：Ballantine）。

4. 麦德琳·雷维恩（Levine, Madeline），《特权的代价》（*The Price of Privilege*，2006），纽约，哈珀·柯林斯出版社（New York：Haper Collins）。

5. 丹尼斯·克拉克·波普（Pope, Denise Clark），《学校教育》（*Doing School*，2001），纽黑文市，耶鲁大学出版社（New Haven, CT：Yale University Press）。

6. 莱纳德·萨克斯（Sax, Leonard），《随波逐流的男孩——五大因素导致蒙昧而混沌的男生》（*Boys Adrift：The Five Factors Driving*

the Growing Epidemic of Unmotivated Boys and Underachieving Young Men，2007），纽约，基础书籍出版社（New York：Basic Books）。

7. 爱德华·泰伯（Teyber, Edward），《帮助孩子应对离婚》（*Helping Children Cope with Divorce*，2001），旧金山市，乔西-巴斯出版社（San Francisco：Jossey-Bass）。

8. 派格·泰尔（Tyre, Peg），《男孩子的困惑》（*The Trouble with Boys*，2008），纽约，皇冠出版社（New York：Crown）。

参考资料

1. 福斯特 · W. 科林（Cline, Foster W.）和吉姆 · 费伊（*Jim Fay*），《用爱和逻辑教养孩子——培养孩子的责任感》（*Parenting with Love and Logic*：*Teaching Children Responsibility*，2006），科罗拉多州科罗拉多斯普林斯市，皮纳出版社（Colorado Springs, CO：Pinon Press）。

2. 尼克 · 科维（Covey, Nic），《飞动的手指——短信袭击话单》（“Flying Fingers; Text-Messaging Overtakes Monthly Phone Calls”，2008，来源于网络：http：//en-us.nielsen.com/main/insights/consumer_insight/issue_12/flying_fingers）。

3. 卡林 · 福特（Foerde, Karin），巴巴拉 · J. 诺顿（*Barbara* J. Knowlton）和路赛尔 · A. 泊德拉克（*Russell* A. Poldrack），《干扰记忆系统的调整》，《美国科学院院刊》（“Modulation of Competing Memory Systems by Distraction”，*Proceedings of the National Academy of Sciences*，2006，103〈31〉：11778 ~ 11783）。

4. L. A. 格拉伯（Glaab, L. A），R. 布朗（R. *Brown*）和 D. 丹尼曼（D. *Daneman*），《患有 I 型糖尿病的孩子在学校》（“School Attendance in Children with Type 1 Diabetes”，2005），《糖尿病医药》（*Diabetic Medicine*，22〈4〉：421 ~ 426）。

5. 葛兰素 · 史密斯 · 克莱恩（Glaxo Smith Kline）《美国儿童和

哮喘》(“Children and Asthma in America”，2004，来源于网络：www.asthmainamerica.com)。

6. J.A. 格伦鲍姆（Grunbaum, J. A.)，L. 卡恩（L. Kann），S. 克辰（S. Kinchen)，J. 罗斯（J. Ross)，J. 霍金（J. Hawkins)，R. 劳瑞（R. Lowry)，W. A. 哈瑞斯（W. A. Harris)，T. 麦克曼纳斯（T. McManus)，D. 琪恩（D. Chyen）和 J. 科林斯（J. Collins)，《美国青年冒险行为观察——2003 年亚特兰大》，美国卫生与公共服务部以及疾病控制预防中心（“*Youth Risk Behavior Surveillance-United States, 2003. Atlanta*”：U.S. Department of Health and Human Services, Centers for Disease Control and Prevention，2004)。

7. 迈克尔·格里安（Gurian, Michael)，《男孩的思维——拯救在学校和生活中落后的男孩》(*The Minds of Boys*：*Saving Our Sons from Falling Behind in School and Life*，2007)，旧金山，乔西－巴斯出版社（San Francisco：Jossey-Bass)。

8. 玛丽·艾伦·汉尼伯（Hannibal, Mary Ellen)，《单亲家庭怎样教养孩子——在国家项目的基础上帮助孩子调整和成长》(*Good Parenting Through Your Divorce*：*The Essential Guidebook to Helping Your Children Adjust and Thrive Based on the Leading National Program*，2007)，美国马萨诸塞州剑桥市，大凯普出版社（Cambridge, MA：Da Capo)。

9. 亨利·L. 哈瑞斯（Harris, Henry L.）和道瑞斯·R. 柯易（Doris R. Coy)，《帮助孩子应对考试焦虑症》(“Helping Students Cope with Test Anxiety”，2003，来源于网络：www.ericdigests.org/2005-2/anxiety.html)。

10. 哈维德家庭研究项目（Harvard Family Research Project,

来源于网络：www.hfrp.org/family-involvement/projects）。

11. 黑特－迈克尔（Hiatt-Michael），黛安·B.（Diane B.），《学校中家庭参与的训练》（*Promising Practices for Family Involvement in Schools*，2001），北卡罗来纳州夏洛特市，信息时代出版社（Charlotte, NC：Information Age）。

12. 嘉纳·玖凡纳（Juvonen, Jaana）等，《关注奇迹年代——美国中学面对的挑战》（*Focus on the Wonder Years：Challenges Facing the American Middle School*，2004），加利福尼亚州圣莫尼卡市，兰德教育出版社（Santa Monica, CA：Rand Education）。

13. 国家教育进展评估（National Assessment of Educational Progress，2004，来源于网络：http：//nces.ed.gov/nationsreportcard）。

14. 国家健康采访调查报告（National Health Interview Survey），《美国孩子健康统计汇总》（*Summary Health Statistics for U.S.Children*，2007），亚特兰大疾病控制和预防中心（Atlanta：Centers for Disease Control and Prevention）。

15.《青少年与睡眠》，国家睡眠基金会（National Sleep Foundation）（"*Teens and Sleep*"，2006，来源于网络：www.sleepfoundation.org/article/sleep-topics/teens-and-sleep）。

16.《青少年大脑的秘密》，PBS 前线（PBS Frontline）（"*Inside the Teenage Brain*"，2002，来源于网络：www.pbs.org/wgbh/pages/frontline/shows/teenbrain）。

17. 莉萨·波特菲尔德（Porterfield, Lisa），《专家：孩子们能量耗尽的风险》（"Experts：Despite Their Energy, Kids Still at Risk of Burnout"，2006，来源于网络：www.cnn.com/2006/EDUCATION/08/30/overscheduled.kids/index.html）。

18. 斯蒂文·波斯特（Post, Steven），《现代风水——家庭和办公室的活力与和谐》（*The Modern Book of Feng Shui：Vitality and Harmony for the Home and Office*，1998），纽约，戴尔出版社（New York：Dell）。

19. 乔纳森·瑞斯（Rees, Jonathan），《危机——美国历史和学生学习中的标准化考试》（"A Crisis Over Consensus：Standardized Testing in American History and Student Learning"，2003，《基础教育学》〈*Radical Pedagogy*〉5〈2〉，来源于网络：http：//radicalpedagogy.icaap.org/archives.php）。

20. S. R. 肖恩（Shaw, S. R.）和P. 马克凯伯（P. McCabe），《遭遇健康挑战——患有慢性病孩子从医院到学校的过渡》（"Hospital to School Transition for Children with Chronic Illness：Meeting the New Challenges of an Evolving Health Care System"，2008）选自《学校里的心理问题》（*Psychology in the Schools*，45：74～87）。

21. 爱德华·泰伯（Teyber, Edward），《帮助孩子应对离婚》（*Helping Children Cope with Divorce*，2001），旧金山市，乔西－巴斯出版社（San Francisco：Jossey–Bass）。

22. 尼尔佳·R. 塞根卡（Thergaonkar, Neerja R.），《简报：教养风格和考试焦虑症的关系》（"Brief Report：Relationship Between Test Anxiety and Parenting Style"，2007）选自《印第安协会学报关于孩子和青春期孩子的心理健康》（*Journal of Indian Association for Child and Adolescent Mental Health* 2〈4〉：10～12）。

23.《志愿者在美国》（"Volunteering in America"），来源于网络：www.volunteeringinamerica.gov/research_findings/fast_facts.cfm。

图表索引

学习目标和个人目标作业表（第 82 页）

实用用品清单（第 104 ~ 105 页）

泡形图（第 167 页）

作文结构大纲（第 173 页）

考前学习进度表（第 174 页）

时间安排表（第 212 页）

学习方法五周计划表（第 286 ~ 287 页）

图书在版编目（CIP）数据

如何才能让男孩有条理：帮助孩子在学校和生活中学会管理时间与任务 /（美）安娜·霍玛耶著；安燕玲，胡峻桦译 . — 北京：北京联合出版公司，2017.4（2020.8 重印）
ISBN 978-7-5502-8954-3

Ⅰ. ①如… Ⅱ . ①安… ②安… ③胡… Ⅲ . ①男性—家庭教育 Ⅳ . ① G78

中国版本图书馆 CIP 数据核字（2016）第 262929 号

北京市版权局著作权合同登记图字：01-2017-2147

如何才能让男孩有条理

总 策 划：苏　元
作　　者：〔美〕安娜·霍玛耶
译　　者：安燕玲　胡峻桦
责任编辑：谢晗曦　夏应鹏
特约编辑：邓颖诗
装帧设计：主语设计

北京联合出版公司出版
（北京市西城区德外大街 83 号楼 9 层 100088）
北京联合天畅发行公司发行
河北鹏润印刷有限公司印刷 新华书店经销
字数 140 千字　710mm × 1000mm　1/16　20 印张
2017 年 4 月第 1 版　2020 年 8 月第 3 次印刷
ISBN 978-7-5502-8954-3
定价：39.80 元
